ESCOLA PARTIDA

ÉTICA E POLÍTICA NA SALA DE AULA

Conselho Acadêmico
Ataliba Teixeira de Castilho
Carlos Eduardo Lins da Silva
José Luiz Fiorin
Magda Soares
Pedro Paulo Funari
Rosângela Doin de Almeida
Tania Regina de Luca

Proibida a reprodução total ou parcial em qualquer mídia
sem a autorização escrita da editora.
Os infratores estão sujeitos às penas da lei.

A Editora não é responsável pelo conteúdo deste livro.
O Autor conhece os fatos narrados, pelos quais é responsável,
assim como se responsabiliza pelos juízos emitidos.

Consulte nosso catálogo completo e últimos lançamentos em www.editoracontexto.com.br.

Ronai Rocha

ESCOLA PARTIDA

ÉTICA E POLÍTICA NA SALA DE AULA

Copyright © 2020 do Autor

Todos os direitos desta edição reservados à
Editora Contexto (Editora Pinsky Ltda.)

Montagem de capa e diagramação
Gustavo S. Vilas Boas

Preparação de textos
Lilian Aquino

Revisão
Vitória Oliveira Lima

Dados Internacionais de Catalogação na Publicação (CIP)

Rocha, Ronai
Escola partida : ética e política na sala de aula / Ronai Rocha. –
São Paulo : Contexto, 2020.
160 p.

Bibliografia
ISBN 978-85-520-0177-5

1. Educação – Aspectos políticos – Brasil
2. Educação e Estado I. Título

19-2800   CDD 379.81

Angélica Ilacqua CRB-8/7057

Índice para catálogo sistemático:
1. Educação – Aspectos políticos

2020

EDITORA CONTEXTO
Diretor editorial: *Jaime Pinsky*

Rua Dr. José Elias, 520 – Alto da Lapa
05083-030 – São Paulo – SP
PABX: (11) 3832 5838
contexto@editoracontexto.com.br
www.editoracontexto.com.br

*A escola tem de ser o território mais neutro do mundo
[...] porque o coração das crianças é sempre grande demais
para abranger uma pátria só.*

Cecília Meireles

SUMÁRIO

Introdução 9

A política e a sala de aula 17

    Dificuldades com o santo 17
    Uma oportunidade de ouro 20
    Fogo amigo e progressista 23
    Os deveres do professor 27
    A política na sala de aula 32
    A religião na sala de aula 35

Audiências cativas 39

    Sentimentos na ponta da língua 42
    O exército dos filósofos 46
    O assalto ao currículo 50
    O grau zero da política 54
    A docência de humanidades 59
    O que pode um professor? 63

As duas pessoas da escola 71

    Gorilas, pelicanos e batalhas 71
    Escola para as massas 78
    A escola em terceira pessoa 80
    A escola no banco de acusação 85
    A síndrome da Gata Borralheira 89
    Educar *não* é um ato político 91

Nostalgias indulgentes 99
  Sobre o pensamento de risco 99
  "O ensino de humanas não pode ser ideológico" 103
  Os manuais de Filosofia e a democracia 106

Lobos, cordeiros, e outros bichos 111
  "Que tipo de pessoas queremos formar?" 111
  Lobos, cordeiros e razões 114
  O escorpião e a rã 117
  Como água e futebol 121

A cultura da escola 125
  A ética e a cabecinha do aspargo 125
  Autoridade, poder e força 128
  O maoísmo tropical 132
  Qual moral, qual religião? 135
  Sexo e latim no currículo 141
  As duas culturas da escola 146

Agradecimentos 153

Bibliografia 155

O autor 159

INTRODUÇÃO

Chegamos ao ponto em que se solicita às crianças que mudem e melhorem o mundo? E pretendemos ter as nossas batalhas políticas travadas nos pátios das escolas?

Hannah Arendt

O movimento *Escola sem Partido* começou em 2003 como uma organização informal preocupada com "a contaminação político-ideológica das escolas" e o "abuso da liberdade de ensinar". O movimento cresceu e procura, até hoje, aprovar projetos de lei que tornem obrigatória a presença de um cartaz, "em todas as salas de aula do ensino fundamental" com os "deveres do professor". Passados mais de 15 anos, o movimento conseguiu poucas realizações jurídicas e provocou debates sobre a ética profissional docente: o que podemos e devemos fazer na sala de aula? Como devemos compreender o compromisso do currículo escolar com as questões sensíveis do mundo da vida da criança e do jovem e com os valores e ideais seculares de tolerância, respeito e justiça? Um dos seus críticos disse que o movimento criou uma oportunidade de ouro para discutir ética profissional. É possível incluir mais itens nessa lista de oportunidades: a objetividade do conhecimento e dos valores, as relações entre ética e religião, a presença da política na sala de aula e tantos outros. Um professor não pode fazer o que ele bem entende na sala de aula, acrescentou o mesmo crítico, e com essa afirmação ele deu a entender que algum extravio há. O assunto, na verdade, vem de longe. Alguns dos motivos centrais do Escola sem Partido foram discutidos no Brasil dos anos 1970, como mostrarei mais adiante.

O foco do movimento passa ao largo dos problemas centrais da educação brasileira. Temas como a baixa qualidade de aprendizagem nas séries iniciais, as enormes taxas de abandono no ensino médio, o crescente apagão de professores, a remuneração e o desempenho docente não estão na agenda do Escola sem Partido, mesmo assim, é possível que algumas pontas soltas possam ser amarradas, ligando de alguma forma esses temas ao modo como temos pensado a escola.

Desde logo, indico ao leitor algumas características da abordagem que faço neste livro. Em primeiro lugar, decidi *escutar* os argumentos do Escola sem Partido. Eu escrevi "escutar os argumentos", pois eles são, como na música, muito mais um movimento de uma longa peça do que uma canção solteira. Assim, acompanhei e desenvolvi a possível sequência de alguns desses argumentos e sugestões. Procurei depois identificar em nosso passado recente algumas situações que podem ter sido decisivas para o ressurgimento do clima de opinião no qual o movimento se insere. Para contornar as dificuldades metodológicas inerentes a uma discussão dessa natureza, optei por descrever algumas situações e debates que considerei representativos. Minha abordagem também supõe um quadro mais geral, que diz respeito aos desafios e dificuldades de expansão da escola pública, um desafio que o Brasil somente começou a encarar nos anos 1950, quando metade de nossa população era analfabeta.

A obrigatoriedade do "ensino primário" de quatro anos foi fixada em lei federal apenas em 1961, entretanto, nela havia o gargalo do exame de admissão ao "ginásio", somente abolido em 1971, quando a obrigatoriedade do ensino de "primeiro grau" foi estendida, sem incluir o ensino médio, cuja universalização foi aprovada apenas em 2009. Faz apenas uma década que entramos na primeira geração de brasileiros com escolaridade obrigatória prevista até aos 17 anos e estamos longe de cumprir isso.

Foi no espaço de vida de pouco mais de três gerações, dos anos 1950 até hoje, que ocorreu a expansão dos serviços educacionais no Brasil. Como já foi apontado por outros autores, a expansão de setores como saúde e educação não segue a mesma lógica da oferta de geladeiras e aviões. Para que um avião levante voo ou para que uma geladeira seja posta à venda, há um padrão mínimo de qualidade que não pode ser rebaixado. A mesma coisa não se passa com a expansão de setores como educação e saúde na periferia das grandes cidades. As escolas são expandidas sem que sejam mantidos os padrões de excelência dos estabelecimentos equivalentes no centro da cidade porque há menos expectativas dos consumidores. O sucesso dessa onda de expansão de ensino estava ligado à inexperiência e benevolência dos consumidores desse novo serviço, que acolhiam de boa vontade uma geração de profissionais formados de forma acelerada e superficial além de escolas com poucos equipamentos. Essa situação continua assim por um bom tempo. É preciso que uma geração de usuários acumule experiências para que mude de atitude em relação à escola. Esses usuários devem abandonar a posição de consumidores passivos para a de cidadãos preocupados com melhores resultados. O Escola sem Partido pode ser visto, em parte, dentro dessa lógica, como procurarei mostrar.

Quais são as minhas motivações para esse debate? Fui professor por mais de 40 anos e o sentimento dominante que eu tive nesse tempo é que cada dia de aula(s) era como se fosse o primeiro, um tumulto de afetos que se resumia ao medo de fracassar na minha tarefa. Foi apenas nos últimos anos de minha vida como professor que achei que estava começando a dar conta do recado. Acho que demorei tanto tempo para me ver como um professor razoável porque precisei antes me livrar um pouco de mim mesmo. Este livro reflete grande parte de alguns dramas que vivi nesses 40 anos. O primeiro deles foi perceber o quanto a minha interação com os alunos imitava um professor de quem eu gostava muito e que era famoso pelo exercício de uma ironia nem sempre estimuladora. Sofri muito quando descobri algo disso em mim e fiz o que pude para superar esse modelo. Outro drama teve dia e hora e aconteceu em uma sala de aula no município de Júlio de Castilhos, no interior do Rio Grande do Sul. Eu era professor em um curso de especialização em educação e os alunos eram todos professores da rede estadual de ensino. Eu era um leitor entusiasmado das teorias francesas que descreviam a escola como uma instituição que reproduzia os valores e as ideologias dominantes na sociedade. Eu me lembro, como se hoje fosse, das caras de espanto que iam se formando nos professores e professoras que me ouviam, na medida em que minha fala ia surtindo efeito: eles se descobriam, pasmos, como os burros excelentes, que trabalhavam pela perpetuação da dominação capitalista sem sentir. Eu fiquei literalmente sem reação quando, passadas algumas aulas, alguns deles começaram a ter dúvidas sobre o sentido da profissão que exerciam.

As análises que faço aqui são apenas um fio de um novelo muito emaranhado e a perspectiva que ofereço ao leitor é a de um começo de conversa. Não escrevi este livro para examinar a veracidade dos relatos que são apresentados a favor e contra o movimento. De um lado, eu não tenho os instrumentos de pesquisa para fazer levantamentos empíricos ou verificar as alegações daqueles que relatam casos de assédio ideológico. De resto, tanto quanto pude verificar, não há pesquisas conduzidas com rigor acadêmico sobre isso. Nessa área, eu me movimentarei a partir daquilo que conheci ao longo de meus 40 anos de docência em cursos de formação de professores. Posso dizer que, *sim*, há casos de enviesamento político e ideológico que precisam ser criticados e discutidos e darei exemplos disso no livro. Se o foco tem sido o professor que se considera *progressista*, há também exemplos importantes no outro lado do espectro político. Tampouco me parece o caso de fazer um estudo sobre os programas de ensino das universidades e das escolas para comprovar o que alegam os departamentos de Filosofia e Sociologia de nossas universidades, que ali não há predomínio de trabalhos de conclusão, dissertações, teses ou programas de ensino de orientação marxista. Eu não optei por esse caminho porque trabalhei nesse ambiente e sei que essa alegação é verdadeira. Sei também que não é essa a queixa do Escola sem Partido, tanto quanto a conheço, e sim que, em alguns departamentos de Humanidades e de Educação, mais do que *papers*, há um *clima* de valorização de lugares-comuns da literatura de esquerda. No caso da imensa maioria dos departamentos de Filosofia das universidades federais, uma área que conheço bem, não há produção acadêmica marxista relevante e isso é apenas um fato. Quanto a haver uma *atmosfera*, é outro capítulo e aí algumas queixas recorrentes podem fazer sentido e isso precisa ser discutido.

Neste livro, quero mostrar as razões pelas quais alguns conceitos com trânsito livre na formação de professores – que *a educação é um ato político,* que *não existe neutralidade na ciência* etc. – precisam de reparos. Essas afirmações seriam poderosas se fossem acompanhadas de muitas qualificações, pois palavras como "política" e "neutralidade" comportam muitos usos, alguns amplos e generosos, outros mais bem definidos. No ambiente educacional, as consequências do uso vago dessas expressões não são boas, e eu vejo os reclamos do Escola sem Partido como um sintoma disso.

Concluo essa introdução descrevendo duas situações escolares: uma delas aconteceu em um município da região da serra gaúcha em outubro de 2018. A professora, diante das crianças de um terceiro ano de uma escola confessional, anunciou a tarefa que iam realizar como parte das atividades da área de Estudos Sociais. Elas iam fazer uma eleição simulada para Presidente do Brasil. Haveria apenas dois candidatos, Jair Bolsonaro e Ciro Gomes. As crianças receberam a cédula, assinalaram nela o candidato de preferência e colocaram o voto na urna. Depois da votação, a urna foi aberta e os votos foram contados. Havia 20 votos para Jair Bolsonaro e 4 votos para Ciro Gomes. Quando o resultado foi anunciado, a alegria dos 20 ganhadores foi suficiente para que toda a turma ficasse sabendo quem eram os eleitores de Ciro Gomes. A professora, a essa altura da atividade, também deixou claro que seu candidato havia sido vencedor. Com o passar dos dias e dos comentários, os pais ficaram sabendo da atividade. Os pais dos 20 ganhadores ficaram também conhecendo a inclinação política dos pais dos 4 perdedores. O que se ganhou e o que se perdeu com essa atividade de paixões políticas adultas enfiadas goela abaixo das crianças? Nos debates eleitorais foram repetidas algumas das palavras de acusação que estavam em moda durante a eleição. Uma criança falou em "homofobia" e outra, que não sabia o que era isso, queria uma explicação. O resultado da eleição real, dias depois, abafou qualquer conversa sobre o sentido didático daquela atividade. Alguns pais, a maioria talvez, pensaram que a professora deveria ter boas razões didáticas para fazer o que fez. Outros, em minoria, desconfiavam que seus filhos haviam sido expostos desnecessariamente, mas não tiveram nem voz nem vez para articular o desconforto com essa pedagogia baseada na ideia de enfiar as crianças no meio de polarizações entre adultos.

O outro caso envolve duas meninas – vou chamá-las de Lúcia e Malu – ambas com 8 anos de idade, estudantes de uma escola pública da mesma região da serra gaúcha. Elas são melhores amigas e aproveitam o tempo do recreio para conversar sobre tudo e sobre nada. Conversa vai, conversa vem, um dia Malu contou que os pais delas eram budistas. Lúcia nunca tinha ouvido essa palavra e Malu sabia apenas dizer que era uma religião do Buda, alguém parecido, mas diferente de Jesus Cristo. Elas participaram de uma palestra de educação religiosa, na qual a professora disse que era muito importante que as pessoas tivessem uma religião, que rezassem para

Jesus Cristo e que não falassem o nome de Deus em vão, pois quem desacredita em Deus pode vir a ser uma pessoa meio perdida na vida. Para ser uma boa pessoa – parecia ser essa a mensagem – é melhor a gente ir nessa direção. Nesse momento, as duas crianças se lembraram de uma coisa que Malu havia dito na conversa sobre Buda e Jesus Cristo, que o budismo era uma religião meio diferente porque seus pais diziam que Buda era uma espécie de santo, mas que não era um Deus. Afinal, *como é isso mesmo?*, se perguntaram as melhores amigas, *como é que pode uma religião com reza e tudo e sem um Deus?* Os dias vão e a conversa volta, e as amigas então concluem que, sim, o budismo é uma religião *e* não tem um Deus. Lúcia conhece bem os pais de Malu, foram muitas as festas de pijama, os aniversários e os passeios, e ela sempre achou que eles eram pessoas maravilhosas. Eles parecem ser evidências vivas e falantes de que para alguém ser uma boa pessoa não precisa necessariamente acreditar em um Deus. Foi assim que Lúcia e Malu começaram a ouvir alguns professores da escola não apenas com respeito, mas também com novos ouvidos.

E não é assim que a escola pode ser complexa, enriquecedora, mas também suavemente disruptiva em nossas vidas?

A POLÍTICA E A SALA DE AULA

[...] e nos sentiremos outra vez cegos,
sem podermos recordar o que julgávamos ter aprendido,
e que apenas entrevíramos,
como em sonho.

Cecília Meireles – "O Quadro-Negro"

Dificuldades com o santo

O movimento Escola sem Partido surgiu em 2003, por iniciativa de Miguel Nagib, advogado e procurador do Estado de São Paulo. Ele declarou em uma entrevista que a motivação inicial foi um relato feito por sua filha. Segundo ela, um professor fez, durante uma aula, uma comparação entre Che Guevara e São Francisco de Assis, elogiando o altruísmo de ambos. *Chateado* com essa analogia, Nagib escreveu uma carta aberta ao professor, imprimiu 300 cópias e as distribuiu na escola, com pouco sucesso no protesto, segundo ele contou na mesma ocasião.[1] Quando tomei conhecimento desse relato, eu estava começando este livro e enfrentei a primeira de algumas dificuldades que tive comigo mesmo ao levar adiante minha escrita. Ocorreu que, ao ler a entrevista, eu me recordei das vezes em que li que Che Guevara é mesmo um santo patrono dos lutadores da liberdade e da pedagogia crítica e progressista. Ninguém menos do que Peter McLaren, uma figura representativa em língua inglesa da pedagogia crítica, não apenas escreveu que Che Guevara é um "santo secular", mas o comparou a Cristo pelos seus ensinamentos, compaixão e sacrifício pela humanidade.[2] O fato de que *sei disso,* porque li o livro que McLaren escreveu sobre Che Guevara, me obriga a prestar atenção na *chateação* de Nagib. Afinal, dado o prestígio de McLaren na pedagogia crítica, é bem possível que o professor de sua filha tenha tirado essa analogia não apenas da literatura pedagógica de McLaren, mas também da cultura pop-progressista que gravita ao redor de nomes como os de Che Guevara e Paulo Freire.[3]

Há uma dificuldade aqui: por mais que Nagib e outros representantes do Escola sem Partido façam pronunciamentos exagerados, por vezes à beira da histeria, especialmente na fase em que surge o tema da "ideologia de gênero" e por mais que o Escola sem Partido tenha contribuído para criar um clima de desconfiança entre professores, alunos e pais que lembra o maoísmo e a "revolução permanente", não podemos pensar que eles tiram do nada algo que, como disse Nagib, era uma *chateação*.[4] Assim, somos obrigados a fazer essa pergunta: há algo na forma como alguns de nós, professores, trabalhamos, que dê margem para que pais fiquem chateados e depois se organizem e saiam para as ruas protestando contra o que chamam de "doutrinação"? Se não há nada nessa direção, fica difícil explicar por que, em tão pouco tempo, o movimento cresceu tanto. A imensa maioria dos projetos de lei apenas tramitam, mas o Escola sem Partido transformou-se em uma voz aglutinadora e inspiradora de outros movimentos semelhantes, com o objetivo de combater, segundo uma de suas tantas versões, a "doutrinação política e ideológica", bem como a presença de conteúdos e atividades que conflitem com as "convicções morais ou religiosas" da família do estudante. Isso acontece porque alguns setores da sociedade – evangélicos, mas também católicos, tradicionalistas e conservadores e também liberais – decidiram, *do nada*, organizar-se para atacar *o quê*, propriamente?

Uma crítica recente ao Escola sem Partido é a do educador Gaudêncio Frigotto. Na visão dele, o Escola sem Partido é uma expressão política e ideológica de um largo processo de desmanche da escola pública, pois ela possibilita uma leitura crítica e autônoma da realidade, a contrapelo do sistema capitalista. Ele vê o Escola como um caso de violência do sistema capitalista que, sem o contraponto do socialismo, cria situações de regressão nas relações sociais e na educação pública. Frigotto usa aqui a "falácia estrutural", que pode ser assim resumida: diante de uma grande dificuldade, cuja solução demandaria muito tempo e esforço, o melhor é mudar as estruturas que provocam a dificuldade (Hirschman, 1980).[5]

A forma concreta dessa regressão social, segundo ele, é o ataque aos profissionais da educação para retirar deles a autonomia de ensinar e educar. Gaudêncio entende que o conhecimento científico tem um enviesamento de classe. Haveria uma espécie de "ciência oficial", uma "ciência supostamente não neutra", como aquela promovida pelo Escola sem Partido, e uma outra, comprometida com os interesses da classe trabalhadora, por exemplo. Trata-se, enfim, resume ele, de um "confronto de visões de mundo, de concepções científicas e de métodos pedagógicos": uns visam ao desenvolvimento da "capacidade de ler criticamente a realidade e constituírem-se sujeitos autônomos", outros querem a escola como "formadora de mão de obra para o capitalismo". As teses do Escola sem Partido, segundo ele, estão a serviço do desmanche da escola pública que se recusa a ser apenas fornecedora de capital humano. E assim, uma pedagogia da confiança e do diálogo crítico é substituída pelo estabelecimento de uma nova função: estimular os alunos e seus pais a se tornar delatores.

Acho que Frigotto tem razão nesse último ponto e voltarei a isso. De resto, sua análise padece do mal de um certo pensamento que se pretende de esquerda: *as dificuldades da realidade são sempre um aspecto das dificuldades do capitalismo*. Na medida em que ele usa esse modelo de pensamento, o Escola sem Partido é apenas uma expressão de uma crise do sistema e, sem que ocorram mudanças nas estruturas sociais, qualquer reforma ou melhoria educacional é sempre um detalhe. Eu gosto da insistência dele de que o Escola sem Partido é uma *esfinge* a ser decifrada, mas, ao mesmo tempo em que ele oferece uma boa analogia, ele a destrói. Sua crítica termina com a condenação da classe média brasileira e com uma versão diluída dos efeitos colaterais perversos da crise do capitalismo. Assim, não há, a rigor, uma esfinge diante da gente. Frigotto já a decifrou e resta apenas confrontá-la:

> Antes que a esfinge se torne indecifrável e nos devore, cabe acumular energia intelectual e ética e organização política coletiva para, sem medo, como fez Édipo da lenda da esfinge, confrontá-la e derrotá-la. Uma tarefa necessária para que haja futuro humanamente suportável em nossa sociedade. (Frigotto, 2017: 33.)

Na verdade, Édipo *decifrou* a esfinge, não a *confrontou*. Depois de decifrada, ela ficou quieta no canto da encruzilhada. A moral, no entanto, parece clara e boa: se queremos confrontar o Escola sem Partido, precisamos antes decifrá-lo. Quer dizer, será de pouca ajuda ver o movimento como uma simples expressão política e ideológica dos espasmos e das crises do sistema capitalista. Isso é falta de sentido de realidade. E é de menor ajuda ainda acrescentar ao texto, como faz Gaudêncio, algumas lembranças nostálgicas e indulgentes sobre a Revolução Cubana.

Uma oportunidade de ouro

Coisa diferente ocorre no texto de Fernando de Araujo Penna, "O Escola sem Partido como chave de leitura do fenômeno educacional", publicado no mesmo livro (Frigotto, 2107: 33). Penna lembra que os educadores, no começo do movimento, consideraram as ideias do Escola sem Partido chocantes e risíveis, e que o movimento não foi levado a sério. Na medida em que ganha força, segundo Penna, isso muda. O autor se propõe a analisar quatro aspectos que lhe parecem centrais: a concepção de escolarização que o movimento oferece, a desqualificação do professor, as estratégias fascistas de discurso e a defesa do poder total dos pais sobre os filhos.

Quanto à concepção de escolarização, Penna diz que o movimento incentiva a redução do professor a um instrutor. O segundo aspecto diz respeito à vagueza do conceito de "doutrinação ideológica" e às dificuldades que esse fantasma cria para que a escola possa fazer referências à realidade do aluno. Quanto aos efeitos de desqualificação do professor, Fernando aponta a natureza direta e explícita das mensagens para que pais e alunos desconfiem dos professores, que podem querer entregar um produto diferente daquele que seria o correto. Em última instância, segundo ele, o Escola sem Partido quer excluir a liberdade de expressão do professor. O terceiro aspecto são as restrições que o Escola sem Partido faz à discussão de valores. Esse elemento é composto de estratégias fascistas que estariam presentes na desumanização do professor, profissional apresentado como vampiro ou carrapato gramsciano e freiriano a serviço do PT. O último aspecto é a "defesa do poder total dos pais sobre os filhos". Aqui entram os slogans sobre a difusão da "ideologia de gênero". Os professores seriam usurpadores da autoridade moral dos pais. Tudo isso, segundo Penna, culmina no que vemos hoje: uma crise de relacionamento entre professores e escola de um lado, pais e crianças e jovens de outro. Há mesmo essa crise? Se há, qual sua extensão? E sua origem pode ser circunscrita apenas às iniciativas do Escola sem Partido?

Tanto quanto sei, não há estudos que ajudem a estimar a extensão desse tipo de crise, tampouco se ela é maior no ensino médio do que no ensino fundamental, ou mesmo nas disciplinas de humanidades, no ensino público ou privado, em grandes ou pequenos centros urbanos. A falta de bons números nos obriga a fazer juízos de bom senso, baseados no que lemos em jornais, nas redes sociais e nos sites dedicados ao tema, em nossas vivências pessoais e na escassa bibliografia sobre o tema. É de bom senso, no entanto, desconfiar que a extensão dessa crise é muito menor do que aquela revelada pelos índices de aprendizagem escolar; sua origem não se limita às iniciativas do Escola.

Boa parte dos diagnósticos de Fernando Penna são razoáveis, contudo devem ser complementados. Por exemplo, a quebra de confiança entre o professor e a criança, entre o professor e os pais e entre os pais e a escola é um desastre ético, porém a ética profissional docente não é externa à formação didático-pedagógica.

Vejo o Escola sem Partido como uma radicalização localizada, que pode ser inserida em tendências anteriores de desvalorização do professor. Isso não aconteceu apenas por conta dos conservadores. Uma vanguarda que se apresentou como progressista pode ter tido parte nisso. A educação progressista, tal como foi concebida a partir dos anos 1950, ao procurar, com razão, repensar o papel da docência, pode ter contribuído para a erosão da autoridade do professor.

Outro mérito do texto de Penna é o de indicar a necessidade de uma discussão da ética profissional docente. Tendo a concordar com algum entusiasmo quando ele escreve que

> nós temos uma oportunidade de levar esse debate para o espaço público de novo, uma oportunidade de ouro para reafirmar para nós o que é educar, o que é a Escola Pública, quais são os valores que nós ensinamos na escola, sim, e, partindo dos professores em diálogo com a sociedade civil, discutir a nossa ética profissional, porque é algo também necessário. (Penna, 2017: 48)

Nas defesas e nas críticas ao Escola sem Partido, há temas recorrentes, cuja discussão parece ser interminável. Um lado e outro concordam com a relevância da discussão sobre a ideologia, sua importância, necessidade, presença etc. A expressão "tudo é ideologia" é usada como se fosse um grito de guerra, mas por vezes soa como um alarme. Penna dá um bom exemplo disso:

O que me preocupa às vezes, quando alguém discute o Escola sem Partido, é falar "olha, tudo é ideologia". Sim, sabemos. Mas o "tudo é ideologia" não pode significar "o professor pode fazer o que ele bem entender em sala de aula". Então, acredito que tem que partir dos professores o esforço para a discussão pública, entre nós, eu acho que temos claro, mas temos que levar isso para a sociedade: quais são os limites éticos da nossa profissão? (Penna, 2017: 48)

A passagem é muito rica na agenda que ela sugere: se tudo é ideologia – *mas é seguro que sabemos isso? Quem sabe isso?* –, o "isso" não pode ser uma licença de permissividade profissional. E se fosse verdade que "tudo é ideologia", como seria possível propor *limites éticos em nossa profissão?* Uma ética profissional seria apenas mais uma ideologia? Se o pensamento que se pretende progressista namora com esse "tudo é ideologia", como pode se queixar que aqueles que se pretendem de direita falem em "ideologia de gênero"? Na medida em que esses gritos de guerra são lançados de parte a parte, as partes simplesmente se anulam. Essas frases de efeito expressivo (e nessa lista entram outras: "tudo é política", "não existe neutralidade" etc.) cumprem apenas o papel tribal e totêmico de produção de uma pequena identidade disfuncional diante das crises reais de desaprendizagem que temos na educação. Precisamos de mais paciência com a efetividade dos argumentos para enfrentar as dificuldades da realidade.

Fogo amigo e progressista

Há movimentos organizados contra o Escola Sem Partido, entre eles um grupo intitulado "Professores contra o Escola sem Partido", que mantém um site atualizado sobre os projetos de lei que estão surgindo em muitos estados e municípios.[6] Os registros feitos por esse grupo permitem perceber que o movimento cresceu nos últimos anos, especialmente desde 2015. Esse crescimento não se traduz em vitórias legislativas propriamente, mas sim em ocupação de espaços em debates e matérias na imprensa, em páginas de internet e nas redes sociais. O movimento cresceu muito com a incorporação de bandeiras que não eram representativas no início; em especial, com o tema da "ideologia de gênero." Essa bandeira pode ter sido erguida com a ajuda de setores que se consideram progressistas. A possibilidade disso foi revelada pelo ex-ministro da Educação, Renato Janine Ribeiro, que relatou um episódio de fogo amigo em seu livro *A Pátria Educadora em colapso*. Ele contou que, sem conhecimento e autorização do seu gabinete, assessores do MEC enviaram à Comissão de Direitos Humanos e Minorias da Câmara dos Deputados uma nota técnica (Nota Técnica 18/2015) que fazia uma denúncia da "heteronormatividade". A Nota condenava a ocorrência de atitudes preconceituosas nas escolas. Os deputados foram informados de que as escolas brasileiras tinham currículos e práticas pedagógicas marcadas por "sexismo, pela misoginia e pela discriminação contra sujeitos não heterossexuais". A Nota reafirmava a importância dos conceitos de "gênero" e "orientação sexual" para as políticas educacionais e para o próprio processo pedagógico. "Gênero" e "orientação sexual", diz o documento, são "categoria-chave", "categoria central". No clima então existente, a Nota Técnica foi gasolina no fogo. Janine escreveu que seus assessores aproveitaram a edição de uma portaria genérica em prol da igualdade entre homens e mulheres para publicar outro documento que ampliava o alcance do tema à revelia do gabinete ministerial.

Havia "aproveitadores" no MEC? Eles tiveram más intenções? Janine diz que não sabe a resposta para essas perguntas. É possível que a iniciativa dos assessores tenha sido um caso de oportunismo burocrático em nome de ideais progressistas. Ao aproveitarem-se de uma brecha administrativa, por meio de uma nota que de técnica tinha muito pouco, os funcionários do MEC deram um empurrão para o precipício, mostrando que é sempre possível que uma situação ruim piore ainda mais: "Sempre surge alguém para piorar a situação", diz Janine. "Não sei se o faz voluntariamente ou não. Se você que me lê, um dia, for gestor, saiba que vai lhe acontecer algo parecido. Uns chamam de fogo amigo. Fogo, sem dúvida, é." (Ribeiro, 2018: 95). O episódio foi decisivo para que alguns membros da bancada conservadora no Congresso, com a Nota na mão, chegassem ao ponto de dizer que o MEC estava recomendando que as crianças transgênero usassem o banheiro destinado ao sexo com que se identificavam.

As partes envolvidas no episódio, os técnicos do MEC e os deputados federais, tratavam de cravar suas bandeirolas identitárias no coração do adversário. De um lado, os técnicos do MEC, no papel de progressistas, informavam aos deputados que o ambiente sociocultural das escolas era muito semelhante ao ambiente sociocultural do país onde elas se localizam. Não bastava, nem aos técnicos, nem aos deputados, que as escolas fossem expressamente orientadas a proibir toda e qualquer discriminação, que as escolas fossem acolhedoras das diferenças. Era preciso informar aos deputados, *tecnicamente*, que na sociedade na qual existem discriminações há escolas que também discriminam!

O problema não é novo. Como é possível coibir atitudes discriminativas que atentam contra um princípio que consagramos em nossas cartas constitucionais faz já muito tempo, como a igualdade? A *força da lei* pode revogar uma lei que eventualmente promove valores e princípios contrários a esse, como seria o caso de uma lei segregacionista. Mas as *atitudes* de discriminação de raça ou de gênero, por exemplo, existem por *força de humanos*, e não são revogáveis. Elas podem ser coibidas, desestimuladas, desencorajadas, reprovadas, desprezadas e, nos casos evidentes e extremos, criminalizadas, mas elas não desaparecem de um dia para o outro da cena social pela força da lei. A fonte das atitudes de discriminação pinga de longe e faz seu trabalho de forma quase sempre indolor: o menino é convidado a brincar na rua, a menina fica em casa; ambos ouvem que manga com leite faz mal, que chorar é feio, que índios e negros são assim e assado e por aí vai. O menino, um dia, se descobre um tanto machista e, com sorte, resolve mudar, quando se dá por conta de que o machismo foi parafusado nele sem que ele percebesse, e *aconteceu* nele de forma parecida com o que aconteceu com o pai, o tio, seu avô e seus amigos, na pequena comunidade onde cresceram sem meios de comparação. Essas discriminações acontecem na esfera privada e social; é preciso que um entendimento na esfera política crie as possibilidades da sempre lenta reversão dessas atitudes. É por essa razão que o grito de guerra "tudo é política" não ajuda nessa hora, pois ele nos cega para a diferença entre a discriminação como um fato social e o conjunto de decisões políticas que tomamos para dar conta dos sentimentos de justiça que temos diante delas. Não há confusão possível entre as esferas da vida privada e social, de um lado, e a esfera da política, de outro.

O que podemos pensar sobre a fraseologia progressista que estava na base da Nota técnica que virou "fogo amigo" e que contribuiu para acentuar a histeria conservadora sobre a "ideologia de gênero"?[7] Aqui, é preciso lembrar que, desde os anos 1950, há um uso do conceito de "educação progressista" em tom negativo. Isso ocorre, por exemplo, nos textos de Hannah Arendt que comentam algumas transformações na Pedagogia do século XX. Arendt acredita que uma das características profundas e negativas do que se chama de "educação progressista" é uma atitude deliberada de diminuição da autoridade e da responsabilidade pedagógica dos adultos pelo mundo e pela criança, na medida em que, como ela diz, solicitamos às crianças que "mudem e melhorem o mundo". Segundo ela, algumas transformações da Pedagogia acentuaram em demasia a autonomia das crianças e a importância do aprendizado lúdico e criativo

(Arendt, 2003: 273).[8] O traço mais importante, no entanto, parece ser a tendência que vimos no episódio que relatei. O progressista tem uma agenda impaciente e procura avançar a linha da prudência. Talvez ele imagine que as batalhas políticas no pátio das escolas representam um mal menor e que nada há de errado em convocar as crianças para serem, sem que peçam isso, heroínas e mártires da causa progressista.[9]

Podemos passar agora para o exame da proposta de deveres do professor feita pelo Escola sem Partido.

Os deveres do professor

O Escola sem Partido propõe um código de deveres dos professores que deve ser fixado na parede de cada sala de aula. Eis a lista, conforme o projeto:

> I – O Professor não se aproveitará da audiência cativa dos alunos, com o objetivo de cooptá-los para esta ou aquela corrente política, ideológica ou partidária.
>
> II – O Professor não favorecerá nem prejudicará os alunos em razão de suas convicções políticas, ideológicas, morais ou religiosas, ou da falta delas.
>
> III – O Professor não fará propaganda político-partidária em sala de aula nem incitará seus alunos a participar de manifestações, atos públicos e passeatas.
>
> IV – Ao tratar de questões políticas, socioculturais e econômicas, o professor apresentará aos alunos, de forma justa – isto é, com a mesma profundidade e seriedade –, as principais versões, teorias, opiniões e perspectivas concorrentes a respeito.
>
> V – O Professor respeitará o direito dos pais a que seus filhos recebam a educação moral que esteja de acordo com suas próprias convicções.
>
> VI – O Professor não permitirá que os direitos assegurados nos itens anteriores sejam violados pela ação de terceiros, dentro da sala de aula.[10]

Vamos pensar no que aconteceria se essa lista fosse uma espécie de código de ética profissional com o qual nos comprometemos em nossa formatura. A lista estaria em primeira pessoa e diria coisas como: "Eu não vou me aproveitar da audiência cativa dos meus alunos para cooptá-los para uma corrente política, ideológica ou partidária". Depois, "Eu não vou favorecer ou prejudicar um aluno em razão de suas convicções políticas, ideológicas, morais ou religiosas, ou da falta delas." E, assim por diante, vamos seguir imaginando que internalizamos a lista.

Quais são os obstáculos que encontramos na lista de deveres ao fim desse exercício de imaginação? É possível fazer objeções de fundo a todos eles? Veja o que acontece se suprimimos a expressão "não" nos itens I, II, III:

I – O Professor *se aproveitará* da audiência cativa dos alunos, com o objetivo de cooptá-los para esta ou aquela corrente política, ideológica ou partidária.

II – O Professor *favorecerá ou prejudicará* os alunos em razão de suas convicções políticas, ideológicas, morais ou religiosas, ou da falta delas.

III – O Professor *fará* propaganda político-partidária em sala de aula e incitará seus alunos a participar de manifestações, atos públicos e passeatas.

No caso do item IV, basta fazer a operação inversa, ou seja, incluir "não":

IV – Ao tratar de questões políticas, socioculturais e econômicas, o professor *não* apresentará aos alunos, de forma justa – isto é, com a mesma profundidade e seriedade –, as principais versões, teorias, opiniões e perspectivas concorrentes a respeito.

Restam os itens V e VI. O item V ficaria assim:

O professor *não* respeitará o direito dos pais a que seus filhos recebam a educação moral que esteja de acordo com suas próprias convicções.

Nesse item, a negação não cria o mesmo tom absurdo (ou ridículo) que fica evidente nos casos anteriores, por uma razão sutil: não é impossível que o professor receba um aluno cujos pais possuem convicções morais questionáveis.[11] Surge aqui uma questão difícil. Em que consiste a "educação moral"? Até onde vão os "direitos dos pais"? Onde começa e onde termina a educação moral de uma criança?

O texto proposto no projeto de lei fala em respeito às convicções morais dos pais. Creio que ninguém está pensando em um uso desbragado dessa ideia que incluísse o direito de amparo jurídico para a convicção da superioridade genética de uma "raça" sobre outra, por exemplo. As atitudes racistas ou machistas não entrariam na lista de convicções morais? Ou seriam admitidas apenas as convicções morais que conflitassem com os valores consagrados na Constituição? Como desenharíamos a linha de separação entre uma moralidade caseira, familiar, e aquela outra que nos é exigida na sociedade civil e política? Quais seriam as estratégias para separar as influências morais exercidas pelos pais daquelas que a criança recebe no mundo, na tela do telefone celular que os pais lhe enfiam na cara, mal ela tem força nos braços para segurar o aparelho? No aceno que faz o lixeiro que passa na frente da casa? Nas manchetes que passam na televisão (que nunca é desligada) na sala? Nos impropérios que os pais dizem achando que estão sozinhos? No gesto da merendeira da escola, ao servir o mingau da merenda? *Onde começa e quando termina a educação moral da gente?* Os cuidadores e os professores podem se ver como "educadores morais" em um sentido muito diferente do papel de educação moral exercido pela merendeira, pelo porteiro da escola e pelo guarda da esquina?

Na forma como o item V está escrito, ele mais parece um passaporte de permissividades. É certo, como disse Penna, os professores não podem fazer o que bem entendem. A presença docente na sala de aula legitima-se a partir de um campo de saberes, competências e habilidades específicas, e, assim, os limites de seu papel como "educador moral" ficam humilde e honradamente circunscritos às boas regras de convivência humana, conforme os parâmetros básicos de respeito e civilidade. A escola é um espaço de arte, um espaço artificial, instituído por nós com objetivos determinados, e certamente não deve nem ir além nem ficar aquém dos valores que há muito custo consagramos, por exemplo, na Constituição. Se ali eles estão mal formulados, que sejam rediscutidos.

Finalmente, no item VI, a supressão do *não* volta a criar um efeito absurdo:

> VI - O Professor *permitirá* que os direitos assegurados nos itens anteriores sejam violados pela ação de terceiros, dentro da sala de aula.

Ou seja: os deveres indicados pelo Escola sem Partido são chocantemente razoáveis. Eles são trivialmente corretos e nos obrigam a perguntar: *qual é mesmo* o problema do Escola sem Partido? Assim, mais do que uma proposta, o movimento parece ser um *sintoma*. Se deixamos de lado os exageros, devemos reconhecer que, nesses anos que se passaram desde seu surgimento, a mobilização do Escola sem Partido foi no sentido de fazer com que os professores cumprissem um código de ética profissional trivial. Seria então razoável pensar que os simpatizantes do Escola sem Partido são apenas extremistas à beira de um ataque de nervos, ressentidos com os pequenos avanços e as inclusões sociais feitas sob o signo da aliança PT-PSDB? Não há nas colinas do movimento sequer um cisco de verdade? Não seria prudente, por amor ao debate, seguir a sugestão de John Mill, que desconfia que uma opinião dominante ou geral sobre um assunto nunca constitui toda a verdade?

Há muitas páginas na internet dedicadas ao relato de situações em sala de aula que evidenciariam o descumprimento de deveres profissionais elementares. Há todo tipo de relato disponível, à esquerda e à direita. O movimento começou como uma crítica a enviesamentos cometidos à esquerda e ganhou escala principalmente com denúncias da promoção nas escolas de doutrinação política de "fundo marxista" e "ideologia de gênero", mas há também uma oferta de exemplos em páginas contrárias ao movimento com situações de doutrinação política à direita e, assim, nessa direção, tudo se perde, nada se ganha. É preciso dar um passo adiante.

Os livros didáticos, em especial na área de Humanidades, apresentam enviesamento ideológico significativo? Por "viés ideológico" entendam-se aqui coisas como uma atitude de complacência em relação a certos regimes políticos considerados progressistas e libertários e críticas exageradas ao lado considerado oposto. Não é difícil encontrar coisas assim nos livros didáticos de História. O mesmo ocorre com alguns livros didáticos de Filosofia. Alguns deles fazem opções que privilegiam certos temas e autores em detrimentos de outros, a democracia direta comparada com a democracia representativa, por exemplo. Em quase todos esses casos há uma preocupação do professor com a "realidade cotidiana". É esse o caminho adequado para uma boa pedagogia, para uma boa didática? Voltarei a esse ponto mais adiante.

As questões abertas pelo Escola sem Partido a partir de 2003 devem ser vistas como uma retomada e uma radicalização de um debate – ou seria mais bem um confronto? – que acontece, de forma velada, faz muito tempo, sobre as formas de apresentação, continuidade e defesa da escola pública. Dizendo de uma forma mais clara, o movimento pode ser um sintoma de que há, sim, ainda muita coisa a ser discutida sobre cultura curricular, formação de professores e formas do trabalho docente. Em certo sentido o movimento é vitorioso, pois facilitou a existência, aqui e ali, de atitudes de vigilância nas salas de aula, até mesmo entre estudantes. Sem que uma lei federal sobre o tema tenha sido criada, as palavras de ordem do Escola sem Partido ganharam enorme publicidade. Com ou sem a presença de um cartaz de deveres profissionais, surgem ocasionalmente constrangimentos e cuidados na sala de aula que evidenciam um rebaixamento na qualidade da relação pedagógica, um extravio da mística da escola.

Os projetos que hoje tramitam nas câmaras municipais, estaduais e federal parecem ter como objetivo apenas manter o tema em alta, pois a inconstitucionalidade deles tem sido recorrentemente apontada nos tribunais. Muitos professores dizem-se constrangidos, evitam certos temas e autores, sentem-se acuados pelos estudantes, que usam seus celulares na sala de aula como se fossem pequenos militantes de uma "revolução cultural", com a imaginação denunciadora pronta para entrar em ação.

A política na sala de aula

Como devemos entender essa expressão, "política"? Qual é a diferença entre uma *relação pedagógica* e uma *relação política*? Muitos negam que exista qualquer diferença e sugerem que *tudo é política*. Quero apresentar argumentos em favor da diferença entre o *político* e o *pedagógico*. O âmbito da política, em sentido estrito, é o das relações de convivência humana entre seres adultos. Essas relações, na forma como são pensadas desde os gregos, devem ser livres e voluntárias. Já em Aristóteles, isso fica evidente quando ele diz que a política existe por meio da fala dos homens sobre a vida em comum. A definição do ser humano como um *animal político* e um *animal racional* não indica duas coisas, e, sim, uma só: na vida política, os seres humanos entram em conversas sobre o que lhes convém como justo e injusto, bom ou mau, tendo a igualdade simétrica como pressuposto. Em contraste, na relação pedagógica, a igualdade que existe entre os participantes é assimétrica, e o objetivo regulador da conversa é outro, pois trata-se da complicada transmissão de uma herança. O que podemos dizer é que a relação pedagógica acontece em um ambiente que é regulado pela política em graus que variam historicamente, mas não se confunde com ela.

Os professores podem introduzir temas políticos na sala de aula? Não apenas podem, eles devem, porque uma parte da herança a ser transmitida para as crianças é o que pensamos e sabemos sobre as formas de governo, sobre as leis e a justiça, sobre o Estado e a sociedade. Nossos pensamentos sobre esses temas, por sua vez, somente são possíveis porque cultivamos uma linguagem comum que nos permite falar sobre o passado e o futuro, sobre o justo e o injusto, o bem e o mal. Nossa vida em comum nos foi proporcionada *na* polis, *pela* polis. Nesse sentido amplo, a política está na sala de aula, pois cada conteúdo e procedimento de transmissão escolhido pelos educadores ou pelos pais é algo que foi considerado valioso no patrimônio comum da humanidade. Isso é política sim, mas em uma acepção ampla demais para originar uma confusão relevante entre a relação pedagógica e a relação política.

No sentido restrito, que inclui a pressuposição de igualdade irrestrita e as escolhas paroquiais e partidárias que um adulto faz, não há espaço para questões políticas na sala de aula. A conversa cujo objetivo é fazer amigos e influenciar pessoas sobre projetos de lei ou políticas partidárias específicas é um privilégio de quem possui título de eleitor e ocorre do lado de fora da escola. Isso quer dizer que uma escola não pode debater um projeto de lei ou uma situação política específica? É para isso que existe uma disciplina chamada Didática, que vai sugerir quem, quando, onde e como isso pode ser feito. Há uma arte para se fazer isso, e a docência suficientemente boa sabe criar o espaço didático para que crianças possam conversar sem medo sobre os assuntos de gente grande. Quando a aula versa sobre religiosidade, partidos políticos ou ideologias de uma época, mais do que nunca, essa arte didática deve ser exercida.

No clima de opinião formado no Brasil de hoje, alguém alegará que a política está presente em todas as dimensões da vida humana, que ela é essencial e inescapável na escola e em todas as disciplinas, desde o nível fundamental até o superior. Aqui é preciso suspender a discussão e lembrar mais trivialidades. A primeira é que há mais de cinquenta tons de política, desde o sentido amplo da expressão, como em Aristóteles, até o sentido específico no qual o professor quer entrar na sala de aula com o adesivo do seu candidato pregado na camiseta. A outra trivialidade é que cada área do conhecimento humano tem uma relação especial com a vida cotidiana. Umas estão muito próximas, como as humanidades; outras são mais distantes, como a Matemática. Como contrabandear a política para uma aula de Matemática? É difícil alguém fazer isso sem muita artificialidade. Em compensação, em uma aula sobre o meio ambiente, em algum momento especial de crise e de manchetes de jornais, o desafio didático será grande para que a inevitável dimensão política do tema seja mantida no tom adequado.

Não é possível colocar a política na sala de aula, *pois ela sempre está lá*, em um sentido muito amplo. São os adultos que tomam a decisão política de manter e transmitir o que a humanidade fez de melhor. Nosso trabalho, como professores, consiste em manter a política, no seu sentido restrito, sob controle, em não permitir que ela escape pelos silêncios da sala e tome conta, de forma selvagem, do espaço didático. Estou acostumado a que me olhem de lado nesse momento, balancem a cabeça negativamente e repitam o mantra: "Não há neutralidade, a escola é política, tudo é política".

Se tudo é política, então *tudo* fica empatado, nada se resolve, *nada* é política no fim das contas. Não é nem possível nem razoável introduzir política nas continhas da matemática ou no jogo de vôlei do recreio. Uma possibilidade intermediária é dizer que *sim*, há política em muita coisa, mas em formas, variedades, proporções e intensidades que precisam ser discutidas no varejo de cada situação didática e da vida. Nos amores e nas dores da vida, por exemplo, a coisa vai de um jeito bem diferente do que no preço da gasolina. Afinal, o que é isso, introduzir "questões políticas" na aula? Qual é o sentido de fazer cara feia para Aristóteles pelo que ele disse sobre escravidão? E desdenhar o teorema de Pitágoras por qual razão mesmo? Há quem considere razoável entrar em uma sala de aula com o adesivo de seu candidato colado na camiseta? Há quem considere razoável que as crianças fiquem sabendo quais são as escolhas político-partidárias dos professores pela palavra deles na sala de aula, e o mesmo sobre as escolhas religiosas, sobre o sentido da vida e da morte. Isso não pode ser assim pela simples razão de que não faz sentido devolver, democraticamente, perguntas como essas para a criança. Se há, entre nós, quem pense assim, precisamos nos perguntar seriamente como foi que isso aconteceu, como começou esse esboroamento da Pedagogia e da Didática?

A religião na sala de aula

A didática é uma atividade fascinante, "tão fascinante quanto sexo. Mais fascinante do que sexo e didática, só didática sobre sexo", como disse Millôr Fernandes.[12] Tudo pode ser discutido em uma sala de aula, com a devida didática, e isso quer dizer que certos temas, em certas idades, somente serão tratados com as analogias adequadas para a idade e o tema. Outros temas serão contornados, como a gente faz quando encontra no caminho um buraco ou um espinheiro. Os temas da política cotidiana são como esses buracos ou espinheiros. Se caímos neles, se nos esfregamos neles sem os devidos cuidados didáticos, pior para todo mundo. Os temas religiosos são também assim, espinhosos. Eles têm sido motivo de controvérsias.

Lembro aqui um caso ocorrido na Alemanha.[13] Um menino judeu que estudava em uma escola particular pediu aos seus pais para ser transferido para uma escola pública em Berlim. Os pais, provavelmente pensando em coisas como a vivência da diversidade, concordaram com a troca. Depois de alguns dias de aula, em um bom clima, uma professora perguntou aos alunos onde eles rezavam. Um dos alunos disse que rezava na mesquita, outro disse que era na igreja. O menino judeu disse que rezava na sinagoga. Diante do silêncio dos colegas e diante de uma nova pergunta da professora, "por que na sinagoga?", ele disse que fazia isso porque era judeu. De volta à casa, ele relatou o episódio para a mãe e disse que os colegas tinham ficado chocados com ele. Já no dia seguinte, ele foi informado por um amigo que naquela escola havia meninos muçulmanos para quem a palavra "judeu" era um insulto, que eles não podiam ser amigos de judeus. O amigo do menino era muçulmano, e ele disse, então, que a amizade deles terminava ali. Na sequência dos dias, o menino passou a sofrer bullying em escala crescente. Algum tempo depois, a família decidiu contar a história para os jornais e, com isso, dezenas de outros casos parecidos foram revelados.

Parece-me evidente que temos o direito de perguntar sobre o uso didático que a professora queria fazer com a informação solicitada aos alunos, "onde cada um de vocês reza?". Que tipo de uso didático ela ia dar para a resposta? Ao fazer a pergunta, diante de uma turma onde havia a diversidade típica de uma escola pública, não deveria ela prever até mesmo que um estudante dissesse que *não rezava*, que seus pais eram ateus e que não incentivavam nele uma crença religiosa? Que houvesse um budista, um taoista, um judeu? Como ela iria lidar com essa diversidade? *E, sim, qual era a finalidade didática da pergunta?* Do ponto de vista de um ensino público, não parece razoável extrair do aluno, em classe, esse tipo de confissão, pois isso diz respeito à vida privada dele. A informação sobre onde cada estudante reza, *se reza*, qual é a confissão religiosa de cada estudante, *se a tem*, se for extraída da criança na sala de aula, em uma atividade didática, pode ser um bom exemplo de que um professor não pode fazer o que bem entende na sala de aula, porque isso pode vir a ser um mal.

NOTAS

[1] A entrevista está em *El País*, do dia 25 de junho de 2016: "O professor da minha filha comparou Che Guevara a São Francisco de Assis". Segundo Nagib, a analogia era "entre pessoas que abriram mão de tudo por uma ideologia. O primeiro, em nome de uma ideologia política. O segundo, de uma religiosa. As pessoas que querem fazer a cabeça das crianças associam as duas coisas e acabam dizendo que Che Guevara é um santo". A palavra que ele usou na entrevista para caracterizar seu sentimento moral foi "chateação".

[2] Trata-se do livro *Che Guevara, Paulo Freire and the Pedagogy of Revolution*. No livro, há pelo menos duas passagens sobre a santidade do Che: "Precisamos lembrar que o nascimento desse santo secular foi possível somente por causa dos sacrifícios feitos por Che em nome da humanidade sofredora". A outra, na qual Che é comparado a Cristo, comenta a foto feita do cadáver dele, na Bolívia: "A fotografia do corpo deste Cristo guerrilheiro, que foi chamado por Jose Arce Paravicini de "Cristo metralhado", inspira uma reverência mitológica não apenas porque o corpo emaciado de Che tem uma impressionante similaridade às famosas pinturas do cadáver de Cristo (como aquelas de Mantegna e Holbein), mas também porque a vida e os ensinamentos do Che refletem uma sabedoria, compaixão e sacrifício pela humanidade que têm sido comparados àqueles de Cristo". Ver MCLaren, 2000, pp. 101-2.

[3] Sobre a entronização de Che Guevara como um "herói cristão", veja o livro *Los fantasmas de Ñancahuazú*, de Leandro Katz, que mostra que a analogia de Che com Cristo foi potencializada pelas fotos de seu corpo morto, feitas por Freddy Alborta em Villagrande, na Bolívia, comentadas por Peter McLaren. Veja a nota anterior. A qualificação de Che como "herói cristão" foi feita pelo sacerdote jesuíta argentino Hernán Benítez.

[4] Sobre o conceito de "dificuldade da realidade", veja Rocha, 2017.

[5] A falácia estrutural foi muito usada na sociologia educacional dos anos 1960, como mostrarei no capítulo "As duas pessoas da escola".

[6] O grupo mantém uma página no Facebook e um blog (https://pesquisandooesp.wordpress.com) no qual há um link para uma dissertação de mestrado sobre o Escola sem Partido (EsP), de Fernanda Pereira de Moura: *Escola sem Partido: relações entre Estado, educação e religião e os impactos no ensino de História*. Há outros grupos organizados contra o EsP, por certo, o que só atesta a energia por trás desse tema.

[7] Eu não encontro outra palavra além de "histeria", pois a impressão que se tem, pelos usos do tema desde 2015 até hoje, é que de uma hora para a outra todas as escolas brasileiras tinham sido invadidas por medidas de incentivo ao apagamento da identidade das crianças.

[8] Um marco simbólico dessa mudança é um escrito de Hannah Arendt, "Reflexões sobre Little Rock", dos anos 1950, no qual ela analisa algumas consequências da política de inclusão racial praticada em estados do sul dos Estados Unidos, na época.

[9] Foi nessa linha que os argumentos de Hannah Arendt sobre o caso de Little Rock foram criticados.

[10] PL 867, 2015, consultado em maio de 2019.

[11] Essa possibilidade é ilustrada pelo dilema do professor descrito por Dietrich Bonhoefer em *Ética*.

[12] *Jornal Zero Hora*, 28 de Janeiro de 1996. "Enfim, um ministro com educação".

[13] Ver matéria no jornal *O Estado de S. Paulo*, do dia 22 de maio de 2019, "Antissemitismo cresce na Alemanha e assombra judeus".

AUDIÊNCIAS CATIVAS

*Eu quero a atualidade sem enfeitá-la
com um futuro que a redima.*

Clarice Lispector

O Escola sem Partido costuma homenagear Max Weber, um dos pais fundadores da Sociologia, pois ele é o inspirador da expressão "audiência cativa", que é usada no primeiro dever do professor, no projeto de lei:

> I – O Professor não se aproveitará da *audiência cativa* dos alunos, com o objetivo de cooptá-los para esta ou aquela corrente política, ideológica ou partidária.

O sentido desse dever é claro: não devo, enquanto professor que dispõe de uma plateia sem opção de não entrar ou de sair da sala, usar o tempo escolar para convencê-la a ser contra ou a favor de uma "corrente política, ideológica ou partidária". A expressão "audiência cativa" é corretamente citada como inspirada por um escrito de Max Weber, *A ciência como vocação*. Dada a importância do conceito de "audiência cativa", o próximo passo será examinar mais de perto o escrito de Weber onde está essa expressão. Antes de fazer isso, lembro que, muito antes da menção pelo Escola sem Partido, o conceito de auditório cativo foi usado no Brasil em um contexto de polêmicas que em tudo lembra a atual discussão. Em 1979, Djacir Menezes, então reitor da Universidade Federal do Rio de Janeiro, em um dis-

39

curso no Conselho Federal de Cultura, usou a expressão weberiana para caracterizar o clima que julgava existir nas universidades, onde alguns professores "se prevalecem daquilo que já se chamou de *auditório cativo*; uma minoria solerte impinge sua pregação porque conquistou o *poder*, isto é, a cátedra."[1]

Agora, Max Weber. O texto citado pelo Escola sem Partido teve sua origem em uma palestra proferida por Weber em Munique, em novembro de 1917. A passagem citada é essa:

> Em uma sala de aula, a palavra é do professor, e os estudantes estão condenados ao silêncio. Impõem as circunstâncias que os alunos sejam obrigados a seguir os cursos de um professor, tendo em vista a futura carreira; e que ninguém dos presentes a uma sala de aula possa criticar o mestre. É imperdoável a um professor valer-se dessa situação para buscar incutir em seus discípulos as suas próprias concepções políticas, em vez de lhes ser útil, como é de seu dever, através da transmissão de conhecimento e de experiência científica.[2]

Para compreender a passagem, é preciso lembrar que Weber está falando sobre o ensino universitário e sobre os cursos de frequência obrigatória que os universitários tinham que fazer para a obtenção do título. Nesse tipo de aula, não estava prevista, pelas regras da universidade da época, uma sessão de perguntas. Tão importante quanto isso, para nos prevenir de comparações descontextualizadas, é a lembrança de outra passagem, no mesmo escrito, na qual Weber dá um exemplo que torna possível entender melhor por que ele faz críticas aos professores que se arriscam, de forma irresponsável, a passar por profetas, demagogos, líderes, conselheiros da juventude. O exemplo que ele traz é de seus colegas Dietrich Schafer e Friedrich W. Foerster. Ambos faziam proselitismo no meio estudantil, a favor e contra o pacifismo. Citando os dois colegas, Weber insiste que "a política não tem seu lugar nas salas de aula das universidades" (Weber, 2011: 45), pois a cátedra não deve ser usada para levar os estudantes a tomar essa ou aquela posição diante da guerra. Naquela altura da conferência, ele examina as dificuldades do dever de probidade intelectual nas humanidades. É nesse contexto que ele começa uma discussão dos deveres "de um professor universitário".

Weber escreve que "não se pode demonstrar a ninguém aquilo em que consiste o dever de um professor universitário". O que ele quer dizer com isso? Essa ideia, aparentemente paradoxal, faz parte da afirmação sobre a "audiência cativa". Weber concorda que a política não tem lugar na sala de aula, nem para estudantes, nem para professores; aqui ele cita as polêmicas da época em Munique sobre pacifismo e antipacifismo. Uma coisa, diz ele, é a análise de estruturas e doutrinas políticas, outra é a tomada de posição política prática. Um "verdadeiro professor" deve levar essa diferença em conta e abster-se de tomar uma posição, a favor ou contra a guerra, "seja abertamente, seja por sugestão". Depois de fazer essa defesa da abstenção, temos a afirmação sobre a não demonstrabilidade do dever dos professores:

> Por que razões, em essência, devemos abster-nos? Presumo que certo número de meus respeitáveis colegas opinará no sentido de que é, em geral, impossível pôr em prática esses escrúpulos pessoais e que, se possível, seria fora de propósito adotar precauções semelhantes. Ora, não se pode demonstrar a ninguém aquilo em que consiste o dever de um professor universitário. Dele nunca se poderá exigir mais do que probidade intelectual ou, em outras palavras, a obrigação de reconhecer que constituem dois tipos de problema heterogêneos, de uma parte, o estabelecimento de fatos, a determinação das estruturas intrínsecas dos valores culturais e, de outra parte, a resposta a questões concernentes ao valor da cultura e de seus conteúdos particulares ou a questões relativas à maneira como se deveria agir na cidade e em meio a agrupamentos políticos. (Weber, 2011: 46-7)

Vamos por partes. É possível ser um *isentão*? Weber sugere que essa abstenção é uma atitude a ser cultivada, um esforço de caráter, sujeito a falhas e imperfeições, mas irrecusável. Ser professor, diz ele, é assumir uma posição profissional muito diferente daquela dos profetas, demagogos e conselheiros espirituais. Se você tem dificuldade em separar fatos e valores, e mesmo assim quer ser professor, faça mais esforços, pratique mais, sugere ele. Sim, se você é professor de Estudos Religiosos, porque os alunos deveriam saber, de sua boca, qual é sua confissão religiosa? Para fazer proselitismo em favor dela? Trata-se, enfim, de que os deveres dos professores não são teoremas que podem ser demonstrados, mas sim uma consequência da honestidade intelectual.

A honestidade intelectual é um valor central para Weber. Ela pode ser ensinada? Podemos obrigar alguém a ser intelectualmente honesto? A honestidade pode ser incentivada, premiada, desestimulada e castigada de todas as formas. Ela é uma atitude fundamental, de aprendizado quase intangível e que envolve trivialidades como aquela lembrada por Weber: fatos são fatos, valores são valores. O dever da honestidade intelectual não entra em nós como uma pílula para a dor de cabeça. Ele não pode ser demonstrado e provado como se fosse uma equação matemática ou a redondeza da terra. Ou bem entra pelos poros da gente ou bem merecemos levar na cabeça por descuidar dele. As "crianças grandes", como diz Weber, acreditam que a astronomia ou a física podem ser a chave para o sentido da vida, que a ciência pode nos levar a Deus. Essas "crianças grandes", que misturam fatos e valores, estão por toda a parte.[3]

Sentimentos na ponta da língua

Em qual contexto Weber exige dos professores esse esforço de abstenção diante da política? Professores como Schafer tentavam convencer seus alunos a alistar-se e marchar para as trincheiras na

Primeira Guerra, entre 1914-1918. Milhões de jovens perderam suas vidas nela. O tema era tão relevante que ganhou destaque em uma novela antibélica, *Nada de novo no front*, de Erich Maria Remarque, livro que, publicado em 1929, teve um impacto muito grande. Logo no começo, o personagem principal e narrador, Paul Baümer, descreve a forma como o professor de sua turma, no colégio, procurou convencê-los a ir para as trincheiras:

> Kantorek nos leu tantos discursos nas aulas de ginástica que a nossa turma inteira se dirigiu, sob seu comando, ao destacamento do bairro e alistou-se. Vejo-o ainda à minha frente, e lembro-me de como o seu olhar cintilava através dos óculos, quando, com a voz embargada, perguntava:
>
> – Vocês vão todos, não é, companheiros?
>
> Estes educadores têm sempre os seus sentimentos prontos, na ponta da língua, e os ficam espalhando a todo instante, sob a forma de lições. Mas, naquela época, ainda não nos preocupávamos com isso. (Remarque, 1981: 15)

Os sentimentos que os professores têm na ponta da língua são, evidentemente, as convicções nacionalistas e patrióticas que vão fazer que milhões de jovens terminem suas vidas como guisado de metralhadoras. O impacto do livro foi tão grande que, no ano seguinte, em 1930, ele foi transformado em filme pela Universal Pictures. *All Quiet on the Western Front* ganhou, naquele mesmo ano, os prêmios do Oscar de melhor filme e melhor direção. Nos primeiros minutos, o professor Kantorek dirige-se aos alunos, exortando-os, um a um, ao alistamento militar. A câmera mostra o professor dirigindo-se aos alunos, filma cada um deles, e por vezes se abre para mostrar a sala desde os fundos, de modo que possamos ver, pelas janelas, que estão ao lado do quadro negro as tropas alemãs que marcham para a guerra, saudadas pelas pessoas nas calçadas. Por fim, os jovens abandonam as carteiras, correm para abraçar o professor e jogam seus cadernos e livros para cima. Mais adiante, na novela, o narrador, depois de ter relatado os horrores vividos nas trincheiras, retoma a reflexão sobre seu professor:

> Estava tentando lembrar-me de que ainda tinha poderes sobre mim. Então a raiva me dominou e eu também obriguei-o a recordar-se de algumas coisas. "Miliciano Kantorek, há dois anos o senhor nos fez um sermão para que nos alistássemos; Josef Behm estava conosco, e não queria apresentar-se. Morreu três meses antes da data em que teria sido mobilizado por lei. Sem o senhor, teria esperado e vivido mais um pouco. Agora, retire-se. Ainda nos veremos". (Remarque, 1981: 143)

Ao longo da novela, o narrador contabiliza o desaparecimento progressivo de seus colegas de colégio e relembra algumas situações vividas pelos jovens nas mãos do professor Kantorek, que gostava de criticar os alunos:

> Foi apenas há dois anos e, agora, eis o miliciano Kantorek, bruscamente despojado de seu prestígio, com os joelhos e os braços tortos como alças de panelas, botões sem brilho e postura ridícula – uma caricatura de soldado. Não consigo mais relacioná-lo à imagem ameaçadora do professor e gostaria mesmo de saber o que faria eu, velho soldado, se esta figura lamentável alguma vez ousasse voltar a me perguntar:
>
> – Baümer, qual é o imperfeito do verbo *aller*? (Remarque, 1981: 144)

Esse é o contexto para as exigências que Weber faz àqueles que abraçam a vida intelectual, a vida da ciência e a vida da docência. Um professor não pode usar sua cátedra para converter os jovens às suas posições políticas, seja em nome da ciência, da História ou da pátria. Um professor é às vezes tentado a assumir a posição de profeta, de líder, de orientador de condutas, de conselheiro da juventude. Weber insiste que as posições políticas resultam de avaliações pessoais e de valores que não podem ser demonstrados. Os professores que passam essa linha prometem o que não podem cumprir e, na trincheira da guerra, continuam a ser objeto de discussão:

> Estamos aqui para defender a nossa pátria. Mas os franceses também estão aqui para defender a deles. Quem tem razão?
>
> – Talvez ambos estejam certos – digo, sem muita convicção. Sim – prossegue Albert, e vejo que ele quer me envolver –, mas nossos professores, sacerdotes e jornais dizem que só nós temos razão, e espero que seja verdade; mas os professores, sacerdotes e jornais franceses afirmam que a razão está do lado deles. Como é possível? (Remarque, 1981: 164)

A posição de Weber questiona os nacionalismos e os sentimentos pátrios, como é bem ilustrado por Remarque na novela. Há uma passagem na qual os soldados repassam as razões pelas quais estão ali, vivendo os absurdos da guerra. Um deles, Tjaden, sugere que entre as razões estão as ofensas que um país faz a outro, e o outro, Kropp, retruca:

> Um país? Não entendo isso. Uma montanha na Alemanha não pode ofender uma montanha na França. Nem um rio, nem uma floresta, nem um campo de trigo.
>
> – Você é mesmo tão ignorante ou está fingindo? – pergunta Kropp, irritado. – Não quis dizer isto. Um povo insulta o outro...
>
> – Então, não tenho nada a fazer aqui – responde Tjaden –, porque não me sinto ofendido!
>
> [...]
>
> Mas que burrice! Ele está se referindo ao povo em conjunto, isto é, ao Estado – grita Müller. (Remarque, 1981: 167)

Os soldados seguem conversando sobre as relações entre Estado, pátria e povo, e um deles conclui que a serventia da guerra é obscura, ninguém a quer e, de repente, lá está ela, meio mundo metido nela e danem-se os soldados enfeitiçados por professores, sacerdotes e jornais.

À medida que as tempestades de aço choviam sobre eles, os soldados compreendiam que as boas intenções de seus professores não iam além do palavrório patriótico, que ficava muito aquém do esperado:

> Os professores deveriam ter sido para nós os intermediários, os guias para o mundo da maturidade, para o mundo do trabalho, do dever, da cultura e do progresso, e para o futuro. (Remarque, 1981: 16)

As boas intenções docentes apodreciam agora nas trincheiras, aos milhares, enquanto os professores "continuavam a escrever e a falar", a dizer que "servir o Estado era o mais importante". Os soldados nas trincheiras viam que o mundo arquitetado por seus mestres era feito de hospitais e moribundos (Remarque, 1981: 16).[4]

O exército dos filósofos

Há um tema no romance de Robert Musil, *O homem sem qualidades*, que poderia ser chamado de "despotismo dos filósofos". O tema aparece na passagem onde Musil expõe as ideias do personagem central, Ulrich, sobre a filosofia:

> Ele não era filósofo. Filósofos são déspotas que não dispõem de nenhum exército, por isso submetem o mundo todo encerrando-o num sistema. Provavelmente por isso, nos tempos dos tiranos houve grandes filósofos, enquanto nos tempos de civilização mais avançada e democrática não se consegue produzir nenhuma filosofia convincente; pelo menos isso se deduz das lamentações que se ouvem a respeito. Por isso, hoje se fala tanto em filosofia, que só em armazéns ainda se pode comprar alguma coisa sem filosofia de vida, mas ao mesmo tempo reina desconfiança em relação às grandes filosofias. Simplesmente as consideramos impossíveis, e Ulrich não estava livre disso; sim, baseado em suas experiências científicas, até ironizava um pouco a Filosofia. (Musil, 1989: 183)

Musil escreveu esse texto nos anos 1920, o que nos permite supor que essas observações sobre a filosofia estão ligadas ao clima intelectual então vivido na Alemanha. Quando Musil. escreve que "hoje em dia só criminosos ainda se atrevem a lesar outras pessoas sem filosofia" (Musil, 1989: 178), fica evidente que ele quer registrar o rebaixamento da qualidade da discussão filosófica, o aviltamento dela. A filosofia virou um galinheiro:

> Certas indagações foram retiradas do coração das pessoas. Construiu-se uma espécie de galinheiro para os pensamentos de voo alto, chamando-os de filosofia, teologia ou literatura, e lá eles se multiplicam à sua maneira peculiar, cada vez mais difíceis de se controlar; está bem assim, pois diante dessa multiplicação ninguém precisa mais censurar-se por não poder cuidar deles pessoalmente. (Musil, 1989: 258)

Em que consiste esse despotismo dos filósofos indicado por Musil? Não parece ser apenas uma licença literária quando consideramos outras passagens no romance que reforçam o tema. Para compreender melhor esse diagnóstico, precisamos ter uma ideia do que aconteceu na vida intelectual na Alemanha dos anos 1920 imediatamente após a publicação do texto de Weber e, de certa forma, em reação a ele. Alguns intelectuais reagiram contra as teses de Weber pregando exatamente o contrário delas. Ao invés de contenção e probidade intelectual, ao invés de universalismo e cuidado com a imposição de convicções pessoais, alguns intelectuais defenderam uma posição exatamente oposta: que os acadêmicos recuperassem o enraizamento na identidade nacional, que voltassem a ter uma personalidade integral e exercessem liderança diante da juventude.

O primeiro opositor a Weber foi Ernst Krieck, "um nacionalista extremado, um homem que considerava as universidades obsoletas demais e indiferentes demais em seu patriotismo" (Ringer, 2000: 329). Em 1920, Krieck publicou um livreto intitulado justamente

A revolução do ensino, no qual desdenhava abertamente as instituições acadêmicas, em especial quando elas queriam fugir dos juízos de valor e buscar a objetividade. Na descrição feita por Ringer:

> A pose de objetividade, a recusa em fazer juízos de valor pareciam-lhe uma fraqueza e um vício. O mundo acadêmico alemão, dizia, tornara-se um mecanismo sem sentido, que procurava apenas se perpetuar. Exageradamente especializado e esotérico, era uma espécie de sinecura para um grupelho cansado de intelectuais. Por isso seus métodos eram desesperançadamente estéreis. (Ringer, 2000: 329)

As críticas de Krieck ao ambiente universitário foram precedidas por uma pregação nacionalista e patriótica em favor das grandes tradições que estavam sendo esquecidas, contra a desintegração da sociedade, mergulhada em uma crise cultural, em favor de sentimentos de unidade moral e de novos propósitos, ligados a uma espécie de religiosidade nacional. Krieck pedia por uma revolução no ensino, que deixasse de lado os reclamos weberianos em favor da objetividade. Em lugar disso, haveria a recuperação das grandes verdades do passado nacional e de seus valores, para além das doutrinas de classes e das lutas partidárias.

Krieck divulgou suas ideias durante um período de democracia na República de Weimar e veio a ser um dos filósofos de Hitler.[5] Muito embora Hitler se considerasse próximo aos filósofos e escritores (basta lembrar suas poses junto ao busto de Nietzsche, o encontro documentado com Elizabeth Nietzsche, as fotografias lendo grossos volumes, a alegada leitura de Fichte e, é claro, seu livro), ele compartilhou com algumas pessoas a tarefa de dar ao nazismo uma filosofia. A primeira delas foi Alfred Rosenberg, cujo apelido nos círculos próximos ao líder era exatamente "o filósofo". Ele tinha formação acadêmica e um doutorado em Engenharia, e ingressou no Partido Nazista antes mesmo de Hitler. Rosenberg dizia-se um leitor de Kant desde sua juventude e entre os favores intelectuais que prestava como ideólogo estavam os ataques à democracia e a descoberta de traços de antissemitismo em grandes filósofos como Platão, Schopenhauer e Nietzsche. Ele partilhava com Hitler os livros de autores caros ao nazismo e ao antissemitismo que favoreciam a ideia de uma religiosidade baseada no sangue, como Houston Stewart Chamberlain, Arthur de Gobineau, Paul Lagarde e Wilhelm Marr. Em 1934, ele publicou um livro, *O mito do século vinte*,[6] cujo tema central é a "questão judaica". A conclusão era que cada alemão era um super-homem. O livro vendeu um milhão de cópias e consolidou o papel de Rosenberg como guia espiritual do Partido Nazista. Sua primeira providência, depois do sucesso como teórico, foi assaltar as universidades. Para isso, buscou aliança com dois acadêmicos, Alfred Bäumler e Ernst Krieck, filósofos de carreira, para levar adiante um plano de reformas educacionais em favor dos conceitos do nazismo.

Alfred Bäumler publicou um livro sobre Kant em 1923, depois outro volume sobre Nietzsche, que ganhou notoriedade por estabelecer uma ligação do filósofo com Hitler. Com a ascensão de Hitler, em 1933, Bäumler deixou de ser professor em uma obscura universidade técnica para ocupar um posto na Universidade de Berlim, onde chegou a dar a aula inaugural de 1933, já como o braço direito de Rosenberg para a nazificação das universidades. Bäumler tinha lutado nas trincheiras da Primeira Guerra e saiu delas como um herói. A lenda sobre ele é que era um soldado tão aplicado e destemido que havia se recusado a abandonar a luta. Foi com esse espírito de zelo militar que Bäumler assumiu a guerra cultural em favor do nazismo.

Ernst Krieck era professor e autodidata em filosofia. Desde cedo em sua carreira, publicou artigos e livros sobre educação. Em 1932, ele ingressou no Partido Nazista e em uma associação de professores nazistas. Antes de Hitler subir ao poder, Krieck já era considerado um grande ideólogo do nazismo, com sua pregação sobre a natureza orgânico-nacional da comunidade alemã. Ele conquistou postos e títulos honoríficos e veio a ser reitor da Universidade Goethe, em Frankfurt. Krieck teve acesso às grandes casas editoriais da época e publicou obras de ataque aos judeus e de promoção de uma pedagogia politizada em favor do nacionalismo nazista.[7] Hitler lidou com outros tipos de filósofos, desde aqueles que foram apenas coniventes ou simpatizantes até os que foram demitidos de seus postos por serem judeus.[8]

O assalto ao currículo

A perseguição das universidades pelo regime nazista não parou no expurgo dos professores. O estudo do pensamento semítico foi retirado dos currículos e houve proibições de autores como Moses Mendelssohn e Spinoza, por suas influências iluministas e judaicas. Muitas bibliotecas foram expurgadas de qualquer livro que fosse considerado "de asfalto". Os filósofos de Hitler criaram esse curioso conceito, "literatura de asfalto", para designar aqueles livros que, no entender deles, eram escritos para o pessoal da cidade. O asfalto separa as pessoas da terra, separa as pessoas de suas raízes, e, assim, são os livros escritos por judeus ou simpatizantes, pois levam a uma separação das pessoas em relação às suas comunidades imediatas e abrem o caminho para o niilismo. A literatura de asfalto incluía também marxistas como Lukács, mas também Freud, Husserl, Benjamin, Tillich e centenas de outros. Bäumler foi o organizador da queima de livros que atravessou uma madrugada inteira, na Universidade de Berlim, no dia 8 maio de 1933. Nessa queima de livros, um dos autores mais incendiados, não por acaso, foi Erich Maria Remarque e seu *Nada de novo no front*.

Os queimadores de livros tinham uma lista dos autores e temas em desgraça de pensamento. Deveriam ser queimados os livros dos traidores e de todos aqueles que atacavam a nova Alemanha, mas também qualquer literatura marxista, comunista e bolchevista, sem esquecer os pacifistas, os liberais, aqueles que tinham tendências democratizantes, as obras que traziam arte decadente e aquelas que falavam do sexo para além ou aquém de suas finalidades mais elevadas. Eram queimados também todo livro de autor judeu e a literatura de entretenimento fútil e irreal; proibidos, obviamente, qualquer livro que contivesse pornografia – lembrando sempre que todo livro que degradasse a pureza da raça e as ideias novas ficava banido. Nessa queima de livros, *O homem sem qualidades* de Robert Musil não foi esquecido.[9]

Nas fotos dos incêndios de livros em Berlim, vemos centenas de estudantes, com as mãos erguidas para o céu na saudação nazista, prontos para seguir avivando a fogueira. Como se não bastasse incendiar livros, o regime seguiu em frente. Depois do expurgo de professores, da proibição e da queima de livros, da censura e do controle dos currículos, os ideólogos de Hitler começaram a matar. No dia 30 de agosto de 1933, três meses depois da queima de livros, o filósofo Theodor Lessing, já em exílio, foi assassinado enquanto estudava em seu escritório. Um atirador, acompanhado por outros simpatizantes do regime, aproveitou-se da localização da mesa de trabalho dele, ao lado da janela, e acertou-lhe um tiro.

A guerra cultural de Hitler, no entanto, estava apenas começando. Depois da demissão de professores, do expurgo de bibliotecas e editoras, havia que tomar conta do currículo das escolas, e isso aconteceu de muitas formas. Uma delas consistiu na elaboração de um manual de estudos para a escolarização da juventude hitlerista.[10] A cartilha nazista começava com a negação das "suposições filosóficas" que não conduziam o povo alemão a uma concepção unificada da vida e do mundo. O texto criticava "os 'líderes' dos sistemas filosóficos que não sabiam colocar ordem na confusão" das visões de mundo em disputa.[11] A cartilha começava negando a suposta igualdade entre os homens; esses se diferenciam não apenas pelas características físicas, mas por sangue, espírito e alma. Seguem-se, então, 13 capítulos que expõem as doutrinas nazistas sobre a raça germânica, princípios de hereditariedade, relações entre o homem e a terra, história, geografia, sociologia e política. A cartilha visava a estudantes entre 14 e 18 anos e foi impressa aos milhões, fixando claramente as diretrizes para uma escola do partido (Sherratt, 2000: 82).

O currículo nazista foi um caso exemplar de uma *escola do partido*, ligada a um desvio filosófico, um despotismo do conceito que extravasou para a política e dali para a pedagogia. Do ponto de vista de uma história dos eventos pedagógicos contemporâneos, os únicos rivais para a intervenção de Hitler na educação foram os acontecimentos na União Soviética nos anos 1940 e a "revolução cultural" do maoísmo. Os soviéticos tomaram providências minuciosas para a reforma do ensino, que foram a ponto de regular com clareza as relações entre professores e alunos. As autoridades soviéticas preocuparam-se em enfatizar a importância do resguardo da autoridade do professor. Os estudantes da escola secundária tinham que sempre trazer consigo um cartão com o regulamento de condutas. A terceira regra dizia que o aluno deveria "obedecer sem questionar as ordens do diretor da escola e dos professores". A regra número 6 era "mantenha sua mesa limpa na escola". A regra 14 dizia: "Não use expressões abusivas ou vulgares". A regra 17 estabelecia: "Obedeça a seus pais, ajude-os e cuide de seus irmãos e irmãs mais jovens". No caso de violação do código de conduta, cujo objetivo era o de "desenvolver um senso de dever, honra e responsabilidade", os alunos podiam ser punidos até mesmo com a expulsão da escola.[12]

Uma descrição positiva da escola maoísta foi feita por Simone de Beauvoir. Em 1955, ela esteve na China durante alguns meses e escreveu um livro com impressões de viagem, *A longa marcha* (publicado na França em 1957). O relato sobre as reformas educacionais no maoísmo mostra seu entusiasmo com as mudanças nos métodos de ensino, com a abolição dos castigos corporais e o respeito às crianças e adolescentes. Ela contestou as críticas que diziam que o regime maoísta pretendia "açambarcar as almas das crianças e destruir a família". Quanto à "doutrinação das crianças":

> Certamente ensinam-nas a amar seu país, a desejar servi-lo, a respeitar a moral em vigor, e ensinam-lhes a ideologia correspondente ao regime no qual vivem: não é o que se faz em todos os lugares? Se os educadores chineses são mais convincentes que seus colegas americanos, parece-me que o fato deve ser levado mais a seu crédito que inscrito no seu passivo. (Beauvoir, 1963: 127)

Ela recusou a comparação que se fazia então entre a educação na China e o que havia acontecido com a juventude hitlerista, mas reconheceu que, "uma vez que se trata de instruir as massas analfabetas, certo dirigismo se impõe" (Beauvoir, 1963: 256). A comparação entre os educadores chineses e os colegas americanos me faz lembrar o destino que o "pensamento crítico" teve na China. Daniel Bell conta que, em 2006, ao participar de uma banca de doutoramento em uma universidade chinesa, reclamou ao autor, que escrevera um trabalho sobre o pensamento de um filósofo inglês contemporâneo, que a tese era uma boa apresentação de argumentos, mas sem o correspondente exame crítico. Bell foi interrompido por um membro local da banca, que explicou que o objetivo era mesmo de apenas expor as ideias do filósofo. Além disso, ele continuou, de acordo com as tradições chinesas, "a tarefa do estudante é aprender sobre o mundo até seus quarenta anos, aproximadamente, para só então começar a examinar criticamente o mundo" (Bell, 2008: 149). Esse clima de formação do pensamento crítico ajuda a explicar por que a adesão ao regime chinês, como escreveu Simone, vinha do fundo do coração das pessoas (Beauvoir, 1963: 229).

Deixemos, por enquanto, as *escolas do partido*. Vamos voltar a Weber para tentar responder uma pergunta que pode estar incomodando o leitor. Se o professor não pode misturar política na sala de aula, o que pode um professor?

O grau zero da política

Precisamos de critérios mais claros para os usos da expressão "política". Uma coisa é a vida político-partidária, outra é a vida artística, da qual, por vezes, se diz que é também política. É certo que existem fatores políticos na elaboração dos currículos escolares, mas precisamos de uma linha divisória entre o currículo de Hitler e uma base curricular comum que respeita a Constituição. Se o debate sobre a dimensão política da educação não for capaz de desenhar essa linha, será melhor desistir de qualquer conversa, pois tudo passa a ser uma questão de força e fuzis. Há quem continue repetindo as citações do presidente, "o poder político nasce do fuzil",[13] mas não vou analisar agora esse tipo de infantilidade, como diria Weber.

É evidente que nem tudo é política e que ela *não* está presente em todos os aspectos da vida humana. Há coisas que são simplesmente íntimas, privadas, físicas, químicas, biológicas, técnicas, psicológicas, sociais, e isso é trivialmente verdadeiro. A política começa do outro lado de uma fronteira que pode ser tênue, mas nem por isso é mal desenhada. Essa linha divisória foi sugerida por Aristóteles, em seu livro *Política*, e por isso vou chamá-la de *critério de Aristóteles*. No começo do livro, ele faz uma distinção entre os seres humanos e os demais animais gregários. Ele diz que somos políticos "em maior grau" do que as abelhas, por exemplo, porque temos *linguagem*, ao passo que as abelhas têm apenas a *simples voz*. Aristóteles não nega aos animais as habilidades sociais, técnicas e comunicacionais. Os animais comunicam-se entre si, têm atividades cooperativas e expressam muitas coisas, entre elas dores e prazeres. Já a linguagem humana alcança uma dimensão que vai muito além disso:

> [...] a linguagem tem a capacidade de indicar o proveitoso e o nocivo e, por conseguinte, também o justo e o injusto, já que é uma característica particular do homem, que o distingue de todos os demais animais, o fato de ser o único que tem a percepção do bom e do mau, do justo e do injusto, e das demais qualidades morais, e é a comunidade e a participação nessas coisas o que faz uma família e um Estado. (Aristóteles, *A Política*, Livro I, cap. 2, 1253)

Aristóteles indica aqui o sentido amplo da noção de "política": é política a ação humana que pode ser caracterizada em termos de qualidades morais, como a justiça e a bondade e seus opostos. Os seres humanos, quando se ligam em comunidades como a família e o Estado, ao mesmo tempo em que dão conta dos aspectos da vida ligados à *simples voz,* como evitar a dor e buscar o prazer, orientam-se por qualidades morais.

Nesse ponto, o leitor vai argumentar que estou reconhecendo, finalmente, que *tudo é política*, já que a linguagem é uma característica essencial dos humanos. Sim, isso é verdade, e, por essa mesma razão, as crianças devem ser deixadas de fora desse jogo na forma como nós, adultos, o jogamos. O domínio da linguagem não pode ser confundido com a capacidade que a criança tem, já por volta de 4 anos, de dominar o sistema fonológico e manejar sem esforço o essencial da gramática, com um léxico razoável. Na idade em que uma criança entra na escola, ela está apenas começando a enriquecer o jogo da confiança primitiva e não conceitual em que ela nasce e vive por muitos anos.[14]

O critério de Aristóteles marca uma espécie de *grau zero do político*, que deixa de fora eventos relevantes na vida humana, como já indiquei acima. Há atrações e repulsões na vida humana que ficam aquém ou além da política, da moralidade, da bondade e da justiça, e da própria vontade humana, como já foi notado até mesmo pelo apóstolo Paulo. É aqui, nesse grau zero, que se abre o leque de usos da expressão.

"Política" é a palavra que usamos para mapear um imenso conjunto de atividades humanas, nos mais variados graus e formas de combinação entre autonomia e diretividade.[15] Famílias, bancos, sindicatos, escolas e comunidades têm políticas, e até mesmo nos partidos políticos, por vezes, há política. A política diz respeito às relações entre seres dotados de autonomia, em diferentes graus, com diferentes aspectos e graus de diretividade entre eles. Por exemplo, na relação entre professores e estudantes, sempre está presente, de forma simultânea, a autonomia de cada ser humano, seja professor ou estudante, combinada com uma relação de diretividade assimétrica. É o que chamamos, em didática, de *igualdade assimétrica*. Podemos chamar o professor como quisermos: animador, orientador, instrutor, tutor, organizador de aprendizagem, o que quer que seja. Nenhuma dessas palavras elimina o fato de que diante das crianças está um adulto. Essa situação cria uma assimetria que não conflita com o fato de que ali todos são seres humanos, que devem ser respeitados em suas autonomias.

Como entra a política na sala de aula? Vamos voltar a Weber. O contraste que ele estabelece é entre os professores que se portam como se fossem líderes ou conselheiros espirituais, profetas ou demagogos e aqueles que se orientam pelo dever pedagógico da probidade intelectual, que evitam expor em aula "as suas concepções políticas". O lugar dos profetas e demagogos, diz ele, é na rua, onde, quando falam, estão submetidos à crítica e aos ovos. A sala de aula é um espaço protegido, onde a igualdade civil é subordinada a uma assimetria inevitável. É nesse momento que surge a passagem constantemente citada pelo Escola sem Partido. Vou citar o trecho novamente, em outra tradução:

> Numa sala de aula, enfrenta-se o auditório de maneira inteiramente diversa: o professor tem a palavra, mas os estudantes estão condenados ao silêncio. As circunstâncias pedem que os alunos sejam obrigados a seguir os cursos de um professor, tendo em vista a futura carreira e que nenhum dos presentes em uma sala de aula possa criticar o mestre. A um professor é imperdoável valer-se de tal situação para buscar incutir, em seus discípulos, as suas próprias concepções políticas, em vez de lhes ser útil, como é de seu dever, por meio da transmissão de conhecimentos e de experiência científica. (Weber, 2011: 47)[16]

Essa afirmação está ligada ao dever da honestidade intelectual, que, por sua vez, liga-se ao *exercício* do reconhecimento da diferença entre fatos e valores, entre fatos e deveres, entre fatos e interpretações. Não devemos pensar nisso como uma capacidade igual à de saber fazer uma operação matemática, mas sim como uma habilidade que pode ser exercida em níveis sempre mais altos de excelência.

Surge aqui uma pergunta inevitável. Há mesmo essa linha divisória nítida entre fatos e valores? Afinal, um fato – por exemplo, *que* "alimentar-se de carne de porco em proporções razoáveis é compatível com o organismo humano" – é ou verdadeiro ou falso, ao passo que um valor ou uma crença moral – por exemplo, "*que* não devemos comer carne de porco porque nossa religião não permite" – não pode ser avaliado em termos de verdade ou falsidade.

O tema é complicado demais e tem ocupado os filósofos por séculos. Aqui vou me contentar em lembrar que, por mais que os filósofos tenham divergido entre si, ninguém contesta a compreensão intuitiva da diferença entre uma regra e um fato e que as crenças morais e os valores têm a forma de regras: devemos fazer x nas circunstâncias y. Dizemos para a criança que ela *não deve* maltratar os animais, que ela *deve* cumprir a palavra dada, que ela *poderá* jogar no computador depois de fazer as tarefas. Repare que cada uma dessas regras supõe um *conhecimento comum* que partilhamos com a criança: estamos falando sobre mariposas ou gatos e não sobre a ariranha que escapa da jaula na visita ao zoológico; estamos falando sobre o cumprimento de uma promessa supondo o conhecimento comum do que são as promessas; e falamos sobre a liberação do horário do jogo no computador supondo o conhecimento comum sobre o que é "terminar uma tarefa escolar".

Volto ao exemplo da carne de porco. Digamos que meus valores religiosos proíbem a ingestão de carne de porco. Se faço isso por engano – alguém trocou os rótulos no restaurante e a forma de cozimento me faz pensar que é frango – o que aconteceu? Uma terceira pessoa, que conheça tanto minhas crenças morais quanto o cardápio do restaurante, pode pensar que sou infiel aos meus valores. Ou pode apenas pensar que me enganei. A conclusão que quero tirar disso é que há, sim, *conexões* entre fatos e valores; diferenças morais podem refletir diferenças factuais.[17] Aquilo que temos estabelecido como sendo o nosso conhecimento sobre o mundo, o conjunto mais ou menos estável de nossas verdades factuais, liga-se ao conjunto mais ou menos estável de nossas regras e valores morais, como procurei mostrar no exemplo da carne de porco. Um conhecimento estável sobre a natureza imediatamente mortífera da carne do porco – semelhante ao conhecimento que temos sobre a natureza letal do veneno da jararaca – poderia nos induzir a alguns tabus alimentares, a algumas regras e valores sobre o que devemos ou não comer. Com o avanço do conhecimento, os tabus podem ser levantados, diminuídos. Pense aqui nos conhecimentos que temos sobre a sexualidade. Darei apenas um exemplo. Muito se fala sobre a moralidade e a responsabilidade dos pais. Ocorre que a descoberta da paternidade nos custou milhares de anos, já que o espaço de nove meses entre o intercurso sexual e o nascimento do bebê dificultou a percepção de uma relação de causalidade entre uma coisa e outra. As formas de sociabilidade familiar variaram, bem como o valor atribuído à figura do pai, essa criatura tardia na ciência humana.[18]

A docência de humanidades

Podemos agora voltar a Weber. A posição dele sobre as relações entre valores e fatos está ligada às dificuldades profissionais dos professores de "Sociologia, História, Economia Política e todas as espécies de filosofia da cultura que têm por objeto a interpretação dos diversos tipos de conhecimentos precedentes" (Weber, 2011: 45).

Nessas salas de aula, nas universidades, "a política não tem lugar". Nesse mesmo parágrafo, Weber dá os exemplos a que mencionei acima, referindo-se tanto aos professores quanto aos estudantes. Vejamos a primeira parte, na qual ele condena as manifestações estudantis contra e a favor do pacifismo:

> Costuma-se dizer, e eu concordo, que a política não tem seu lugar nas salas de aula das universidades. *Não o tem, antes de tudo, no que concerne aos estudantes.* Deploro, por exemplo, que, no anfiteatro de meu antigo colega Dietrich Schafer, de Berlim, certo número de estudantes pacifistas se haja reunido em torno de sua cátedra para fazer uma manifestação, e deploro também o comportamento de estudantes antipacifistas que, ao que parece, organizaram manifestação contra o Professor Foerster [...] (Weber, 2011: 45)

Depois de condenar as manifestações estudantis, Weber faz o mesmo com as manifestações dos professores:

> Mas a política não tem lugar, também, no que concerne aos docentes. E, antes de tudo, quando eles tratam cientificamente de temas políticos. Mais do que nunca, a política está, então, deslocada. Com efeito, uma coisa é tomar uma posição política prática, e outra coisa é analisar cientificamente as estruturas políticas e as doutrinas de partidos. (Weber, 2011: 45-6)

Como devem agir os professores de humanidades? Aqui surgem duas questões: a primeira diz respeito à restrição colocada por Weber com a expressão "tema político". Weber não está falando de uma atitude doutrinadora genérica, mas sim do uso da sala de aula para promoção de temas políticos contemporâneos a ele, como os movimentos em torno da participação da Alemanha na Primeira Guerra. A outra é sobre a atitude metodológica que deve ser assumida pelo professor dessas disciplinas. Já tratei das questões relacionadas à guerra e ao surgimento do nacionalismo rampante que leva a Alemanha ao nazismo.

Voltamos então à pergunta, o que pode fazer um professor de humanidades para "não trazer a política para a sala de aula"? Sabemos agora que a expressão "política" nessa frase está sendo usada em um sentido razoavelmente preciso, pois vimos o exemplo dado por ele. Weber, ao discutir o problema da docência de humanidades, não ignora a dificuldade do estabelecimento de uma linha divisória entre fatos e valores. Ele lembra alguns exemplos que vale a pena ter presentes: o estudo das diversas formas dos Estados e das Igrejas, o estudo da história das religiões, o estudo da democracia:

> Quando, em um curso universitário, manifesta-se a intenção de estudar, por exemplo, a "democracia", procede-se ao exame de suas diversas formas, o funcionamento próprio de cada uma delas, e indaga-se das consequências que uma e outra acarretam; em seguida, opõem-se à democracia as formas não democráticas da ordem política e tenta-se levar essas análise até a medida em que o próprio ouvinte se ache em condições de encontrar o ponto a partir do qual poderá tomar posição, em função de seus ideais básicos. O verdadeiro professor se impedirá de impor, do alto de sua cátedra, uma tomada de posição qualquer, seja abertamente, seja por sugestão – pois a maneira mais desleal é evidentemente a que consiste em "deixar os fatos falarem". (Weber, 2011: 46)

A primeira parte da citação corresponde aos ideais pedagógicos que devemos perseguir. No entanto, ao se referir ao "verdadeiro professor" e dizer que mesmo o louvor à democracia não deve ser imposto aos estudantes, sequer insinuado, Weber parece soar muito distante da sensibilidade atual, parece defender um ideal de imparcialidade e ascetismo docente que flerta com a irresponsabilidade intelectual e política. "Como assim, não defender a democracia?", perguntaremos. "Se a democracia está inscrita em nossa Constituição e se somos professores de instituições públicas, parece óbvio que a sua defesa na sala de aula não apenas é possível, mas necessária", dirá o conselheiro que habita nossa docência.

Não, retrucaria Weber, não devemos confundir as palavras que estão escritas na Constituição com a lógica dos conceitos que lhes servem de suporte na vida cotidiana. As constituições são documentos humanos tornados possíveis em um demorado processo histórico. Elas são dependentes do modo de funcionamento de um dos maiores instrumentos do conhecimento humano: o fato de o conceito ser um dispositivo vinculador dos seres humanos. Trata-se de um vínculo curioso, pois somente ficamos verdadeiramente presos a eles quando nós mesmos apertamos seus laços. Se queremos que nossos alunos sejam ardorosos defensores da democracia, o que podemos fazer, insiste Weber, é levá-los ao ponto em que se encontrem preparados para "tomar posição, em função de seus ideais básicos". Mais uma vez, fica claro que Weber está falando de ensino universitário, dirigindo-se ao problema enfrentado na época: a juventude universitária está cheia de entusiasmos, está pressionando os professores para que lhes ofereçam "concepções de vida", está carente de "experiências pessoais" de todos os tipos.

Weber tem consciência das dificuldades da pedagogia universitária na área de humanidades. Ele reconhece que muito bem "pode ocorrer que este ou aquele professor só imperfeitamente consiga calar sua preferência" (Weber, 2011: 47). Mas de todo professor pode ser exigido o reconhecimento de que seu trabalho pertence ao campo do conhecimento científico. Trata-se de uma dimensão de autoconsciência profissional sem a qual se desfaz o sentido da presença do professor na sala de aula. A posição de Weber explora de forma profunda a ideia do triângulo didático: estudantes e professores estão reunidos em um mesmo espaço físico a partir de uma convocação do conhecimento. Pastores e fiéis reúnem-se em um mesmo local a partir de um triângulo com um corpo de doutrina religiosa, profetas e seguidores reúnem-se porque algo os ultrapassa, a profecia. De forma semelhante, o patrimônio das ciências, das artes, das humanidades ultrapassa os professores e os estudantes. Ninguém está ali pela bela face do outro, a ser salva ou guiada.

Esse cuidado pedagógico, no entanto, está sujeito a falhas. Algumas vezes, é só imperfeitamente que conseguimos ocultar as nossas preferências. O que deve acontecer nesses casos? Quem deve julgar essas situações? Será, por acaso, o tribunal dos estudantes, eles mesmos sujeitos a paixões ainda mais intensas do que as nossas?

Fica evidente, pela leitura de Weber, que ele fala sobre posições político-partidárias e que não deve haver a presença delas, em qualquer nível da escolarização. Outra coisa muito diferente ocorre quando tomamos a expressão "política" em sentido amplo, a partir do que chamei de "critério de Aristóteles" e quando consideramos a natureza especial da instituição escolar. Nesse sentido, a escola não pode ter partidos, mas não há escolha entre ter ou não uma dimensão política, pois é na escola que a criança vai aprender a *exercitar* sua compreensão do que é o bom e o mau, o justo e o injusto, em condições controladas, seja por meio de estudos instrumentais e explícitos, nas disciplinas escolares, seja por meio de sua participação no grêmio estudantil, na equipe esportiva ou na banda de música da escola. Voltarei a esse tema na parte final do livro.

O principal foro aqui, para o desenho da linha de separação entre a política partidária e a política no sentido amplo, é o da nossa própria consciência profissional. Nesse momento, o simpatizante do Escola sem Partido liga o sinal amarelo: "Não, se a partidarização da sala de aula surge pela consciência do professor, de nada adianta apelar para ela para que isso seja revertido". Vamos apelar então para a consciência das crianças e dos adolescentes? Vamos deixar por conta da consciência dos pais, que deixarão por conta do relato dos filhos? Vamos ensiná-los a operar um "doutrinômetro", um dispositivo que dispara ao ouvir certas palavras? E quem ouve palavras, ouve conceitos? *A palavra é o conceito?* Qualquer usuário do Aurélio ou do Houaiss sabe que a imensa maioria das palavras registradas nos dicionários tem muitas acepções em que podem ser tomadas, tem mais de uma acepção de uso. Quem decide o significado relevante? Precisamos, sim, investir mais trabalho de formação e confiança em nossa consciência profissional.

A formação de um professor não consiste apenas na aquisição de habilidades de comunicação e transferência de informações. Quer sejamos alfabetizadores ou professores de matemática, há sempre três dimensões que se expandem em nossa formação: o domínio sempre mais aprofundado de um campo de conhecimentos; o domínio sempre mais progressivo de metodologias de ensino; a busca incessante de clareza no que pensamos, dizemos e fazemos. Podemos fazer mais pela clareza na sala de aula? Podemos fazer mais e melhor pela profissionalização da docência para que uma consciência profissional bem formada seja capaz de evitar a confusão entre o professor e o profeta? Tentarei mostrar, a seguir, duas coisas: que essa dimensão de autoconsciência e contenção profissional é fundamental como um foro de crítica, mas não é somente isso que temos. E o que temos é tudo de que precisamos. Ou quase.

O que pode um professor?

Weber disse que os professores não devem incutir nos alunos suas concepções e preferências políticas, que devem manter fora da aula as lutas entre concepções de mundo e as opiniões dos partidos. O que eles *podem* fazer? Não surge aqui uma pedagogia impossivelmente neutra, já que Weber mesmo reconhece a dificuldade do exercício prático dessa posição? Não é evidente que ele sugere outra tomada de posição, também carregada de valores? Não haveria uma espécie de curto circuito na proposta de Weber, na raiz da neutralidade que ele advogava? Fica-se também com a impressão de que os compromissos ético-profissionais que Weber advoga para os professores estão essencialmente desconectados do mundo histórico-político.

A pedagogia weberiana, no entanto, não é neutra, ela tem pressupostos e valores. Não ocorre um curto-circuito argumentativo, pois Weber apresenta e defende valores e, com isso, surge uma conexão relevante entre a pedagogia, só aparentemente neutra, e o contexto social e histórico, sem contradição. Anoto nesse ponto uma certa ironia na escolha de Max Weber como patrono do Escola sem Partido, porque, segundo alguns critérios usados por conservadores norte-americanos, o texto de Weber "A ciência como vocação" poderia ser considerado um caso de "marxismo cultural."[19] Afinal, a moldura da reflexão pedagógica de Weber é seu diagnóstico sobre o desencantamento do mundo:

> O destino de nosso tempo, que se caracteriza pela racionalização, pela intelectualização e, sobretudo, pelo "desencantamento do mundo", levou os homens a banirem da vida pública os valores supremos e mais sublimes. (Weber, 2011: 62)

Isso quer dizer que o "nosso tempo" não é fácil de ser vivido. Nem todos somos capazes de suportar "esse destino de nossa época", pois nem todos sabemos como conciliar o fato de que a ciência, como parte essencial da humanidade que vê nela um destino e uma vocação, é por si mesma um valor e, como tal, não é o resultado de outro valor e assim por diante. A ciência, que começa com a descoberta da importância do conceito, que segue adiante com o surgimento da experimentação racional e que se adensa com o trabalho das "diferentes universidades do continente europeu", é uma "tarefa de aristocracia espiritual" que cria a dinâmica absolutamente original de superar-se constantemente, ultrapassar-se, pois constantemente envelhece. A ciência é apenas a parte mais importante de um processo de racionalização, intelectualização que surgiu faz milênios, e que despojou o mundo de magia. É evidente que uma tal compreensão do papel da ciência na história da humanidade tem consequência para nossa relação com o mundo dos valores. Uma delas foi afastar a ciência da condução a Deus. A esfera de validade da ciência não toca mais a esfera de ação da religião. Não há mais uma ponte entre ambas, e os valores religiosos devem sustentar-se por si mesmos. As ilusões foram abandonadas, não há mais um "ser verdadeiro", não há mais "a verdadeira arte", o "verdadeiro Deus", a "verdadeira felicidade".[20] Quem consegue viver assim, quando não há mais resposta para a pergunta sobre o sentido da vida? A metáfora que pensa a vida humana como uma estrada, da qual se pode dizer que tem sentido, foi esgotada pelo desencantamento do mundo.[21]

É possível ver agora por que a ciência e a pedagogia weberiana não são neutras e desprovidas de pressupostos. A ciência somente é possível na medida em que compreendemos e fazemos a nossa parte pela "validade das regras e da metodologia, que constituem os fundamentos gerais de nossa orientação no mundo". A ciência é um trabalho que nos importa, e essa dimensão valorativa não se deduz de nada além de nossas próprias decisões. Pense aqui na perplexidade do amante diante da pergunta que ouve, depois de sua apaixonada declaração de amor: "sim, você me ama, mas *por quê?*". Os conhecimentos da ciência não são valorizados apenas porque têm muitas serventias técnicas. Eles foram buscados porque a relação com a realidade que a ciência nos proporciona é boa por si mesmo. Weber vê claramente a necessidade de uma consciência pedagógica profissional. Não é fácil, diz ele, levar adiante esse legado em perpétua renovação. Dentre os obstáculos está exatamente sua complexidade crescente e o despreparo da juventude:

[...] dentre todas as tarefas pedagógicas, a mais difícil é a que consiste em expor problemas científicos de maneira tal que um espírito não preparado, mas bem dotado, possa compreendê-lo e formar uma opinião própria – o que, para nós, corresponde ao único êxito decisivo. (Weber, 2011: 25)

Isso é difícil, requer muito esforço, e podemos falhar, assim como podemos falhar como professores, quando não dominamos bem algum assunto. Mas quando erramos materialmente, quando nos enganamos em alguma informação, isso nada prova quanto ao nosso dever de buscar e dizer a verdade. Há valores que estão na base do trabalho da ciência e da pedagogia, e o principal deles é o compromisso irrestrito com a probidade intelectual. É nesse momento que Weber faz uma sugestão de pedagogia que desfaz a possibilidade de ver no trabalho do professor a simples tarefa de exposição de conhecimentos de forma eventualmente neutra. A pedagogia das humanidades tem como tarefa incomodar os estudantes de uma forma verdadeiramente inteligente e cada vez mais necessária para que a juventude adquira a fortaleza moral para poder viver em um mundo desencantado. Entre as obrigações pedagógicas do professor destaca-se a de criar nos alunos um senso robusto de realidade, e já isso é uma pedagogia, por assim dizer, de natureza moral e política:

[...] tem algum sentido o trabalho realizado pela ciência aos olhos de quem permanece indiferente aos fatos, como tais, e só dá importância a uma tomada de posição prática? Creio que, mesmo em tal caso, a ciência não está despida de significação. Primeiro ponto a assinalar: a tarefa primordial de um professor capaz é a de levar seus alunos a reconhecerem que há fatos que produzem desconforto, assim entendidos os que são desagradáveis à opinião pessoal de um indivíduo; com efeito, existem fatos extremamente desagradáveis para cada opinião, inclusive a minha. Entendo que um professor que obriga seus alunos a se habituarem a esse gênero de coisas realiza uma obra mais do que puramente intelectual e não hesito em qualificá-la de "moral", embora esse adjetivo possa parecer demasiado patético para designar uma evidência tão banal. (Weber, 2011: 49)

Volto aqui ao exemplo que já dei páginas atrás: imagine-se como um professor de humanidades, no ensino médio, em uma classe na qual surge, de alguma forma incontornável, o debate acerca da religiosidade humana, da história das religiões, da crença em Deus, do papel de Deus em criar o homem e a mulher, temas dessa natureza. Em chave weberiana, em nenhum momento o professor pode dar a entender qual é a sua posição pessoal sobre as questões que, nesses temas, envolvem legitimamente tomadas de posição de fundo pessoal. Mas ele tem um ponto de partida, que é justamente o de certos fatos muito gerais sobre a religião e sua história: *que* há uma história das religiões, *que* há muitos tipos de religião, *que* há até formas de religiosidade nas quais não há uma crença em um Deus transcendente. Suponha que, em uma classe de trinta estudantes, onde há uma ampla variedade de representantes de religiões cristãs, haja também outras variedades de crenças religiosas situadas fora do âmbito do cristianismo. Pense que pode haver também taoístas ou budistas, religiosidades que não dependem da crença na existência de um ser transcendente ao mundo. Suponha mais ainda. Suponha que algum budista seja particularmente querido da turma, um exemplo de coleguismo e boa-vontade para todos. Como ficaria, diante desse caso exemplar, um argumento que desvalorizasse as pessoas que não acreditam em Deus? E se a discussão mostrasse que as religiões e as religiosidades não teístas são tão numerosas quanto as religiões teístas?

Há fatos que podem ser muito desagradáveis para mim, se a minha crença é que a moralidade no mundo depende da crença na existência de um Deus transcendente. Basta, como diz Weber, que pratiquemos uma pedagogia que ofereça aos alunos uma dieta adequadamente rica em fatos do mundo para que ocorra na sala de aula o desconforto necessário para a aprendizagem. Podemos seguir dizendo que a escolha do professor fica entre a neutralidade impossível e a tomada de posição na guerra cultural? É evidente que não, e esse caminho é claramente apontado por Weber. A ciência e a pedagogia weberiana não estão, como se costuma dizer, inteiramente livres de valor quando, acertadamente, recomendam que não tomemos posições políticas na sala de aula. São duas formas de uso da palavra "política", e Weber, com certeza, condena as pessoas que trazem as manchetes de jornal para a sala de aula, sejam professores, sejam estudantes. Não é recomendável fazer nem versos, nem aulas, sobre as manchetes do dia, como sugeriu Drummond de Andrade.[22]

NOTAS

[1] A passagem está em um contexto que em tudo é semelhante às alegações que se fazem hoje: "O aluno que se matricula em determinado curso tem objetivos definidos nos respectivos estatutos e leis; inseriu-se num grupo organizado para aprender determinadas matérias, que estão no currículo. Pagou, matriculou-se para aprender física, matemática, psicologia, história etc. Se, em vez disso, passa a ter aulas sobre Vietnam e política internacional, fora de seus programas, estão lhe vendendo gato por lebre. Comprou uma coisa, vendem-lhe outra. Foi ludibriado. Em nome de quê? Da liberdade de pensamento! [...] Ninguém reclama o direito de andar de bicicleta numa igreja, mas há quem reivindique substituir uma aula de álgebra por um debate sobre a morte de Guevara, ou discutir a bomba de Mao-Tsé-tung numa sala de estudos de latim. Não negamos a liberdade de ideias e o direito de discutir o guevarismo, o fidelismo, o stalinismo. O que contestamos é a distorção institucional a título de que a Universidade representa o pensamento livre, pois esse princípio é a fonte vital das universidades. Contestamos o proselitismo [...]." (Paim, 1979: 151).

[2] Disponível em https://programaescolasempartido.org, acessado em 13 de maio de 2019. O site não informa a fonte e o tradutor da passagem citada. A tradução que usei aqui no livro foi de Leonidas Hegenberg e Octany Silveira da Mota.

[3] Em espírito semelhante, Wittgenstein escreveu, alguns anos depois: "Não se pode levar os homens ao bem; apenas se lhes pode indicar o caminho para qualquer lugar. O bem reside fora do âmbito dos fatos" (Wittgenstein, 1996: 15).

[4] A frase completa é: "Enquanto eles continuavam a escrever e a falar, víamos os hospitais e os moribundos; enquanto proclamavam que servir o Estado era o mais importante, já sabíamos que o pavor de morrer é mais forte. Nem por isso nos amotinamos, nem nos tornamos desertores, nem mesmo covardes – todas estas expressões vinham-lhes com tanta facilidade. Amávamos nossa pátria tanto quanto eles, e avançávamos corajosamente em cada ataque; mas, agora, já sabíamos distinguir, aprendemos repentinamente a ver; e, do mundo de nos livrar de toda esta embrulhada, víamos que nada sobrevivera. De súbito, ficamos terrivelmente sós – e, sós, tínhamos de nos livrar de toda esta embrulhada."

[5] Ver, sobre isso, o livro de Yvonne Sherratt, *Hitler's Philosophers*. Yale University Press, 2013.

[6] O título completo é *O mito do século vinte: uma avaliação das confrontações intelectuais e espirituais de nossa época*. Consultei a tradução para o inglês. Um dos alvos de Rosenberg é o marxismo, pois é "desintegrador de qualquer comunidade orgânica em favor de instintos nômades alheios". Sobram também ataques ao liberalismo. A leitura do filósofo oficial de Hitler é recomendável para alguém que veja uma ligação interna entre nazismo e marxismo. Na verdade, Rosenberg vai mais adiante e identifica no livro, em mais de uma passagem, o que chama de "marxismo judeu". Para ele, o marxismo é uma espécie de doença desintegradora que infecta as pessoas; depois de infectadas, elas somente enxergam seus companheiros de classe e crença. Contei mais de 35 extensas passagens de combate ao marxismo ao longo do livro. Veja, sobre isso, o prefácio da terceira edição e *passim*. Há uma tradução do livro para o espanhol.

Audiências cativas

[7] Dos três nomes citados, Rosenberg, Bäumler e Krieck, esse último parece ter sido o que mais impactou a América Latina. Aparentemente, ele ainda tem simpatizantes no Brasil. Um de seus livros mais importantes para a nazificação da educação foi traduzido para o espanhol.

[8] Exemplos clássicos dessas situações são os que envolvem, de um lado, filósofos como Edmund Husserl e Karl Jaspers, expulsos de cátedra e, de outro, Martin Heidegger, que permaneceu na universidade. Ver, sobre isso, Sherratt (2013: 75, *passim*). Ela estima que mais de 1.600 acadêmicos foram retirados de suas posições na época.

[9] Na noite de 10 de maio de 1933, estima-se que foram queimados 25.000 livros, de Albert Einstein a Émile Zola. Hellen Keller, que publicara um livro, *How I became a socialist?*, também estava na fogueira.

[10] Há uma tradução para o inglês: *The Nazi Primer. Official Handbook for the Schooling of the Hitler Youth*. Disponível em https://archive.org/details/NaziPrimerTheHitlerYouthManual/pae/n1, acessado em 30 de maio de 2019.

[11] As observações sobre a filosofia estão na introdução do documento.

[12] Ver, sobre isso, o texto de Griffith, 1947.

[13] O presidente, no caso, é Mao Tsé-tung. A frase sobre o poder e os fuzis está no capítulo 5 do livro das citações. Ver Tsé-tung, 1975.

[14] Veja, sobre isso, Baier (1995: 106): "a confiança da criança é como uma forma de confiança que não se baseia em um contrato, à qual alguma atenção tem sido dada na nossa tradição, a saber, a confiança em Deus. A confiança em Deus é total, em tudo o que a gente se importa."

[15] A sugestão é de Weber, em "A política como vocação": "Que entendemos por política? O conceito é extraordinariamente amplo e abrange todas as espécies de atividade diretiva autônoma" (Weber, 2011: 65.). Tomei algumas liberdades na exploração desse conceito, como o leitor notará na sequência do texto.

[16] Usei aqui a tradução de Leonidas Hegenberg e Octany Silveira da Mota, que me serviu de referência até agora.

[17] Sobre esse tema, ver o livro de Danto, (1988, cap. 1). Voltarei a esses temas na parte final do livro, na discussão sobre ética profissional.

[18] Sobre o tema da paternidade, veja Dupuis (1985).

[19] A expressão "marxismo cultural", que ganhou popularidade no Brasil a partir de 2019, é de uso corrente no movimento conservador norte-americano desde os anos 1990, por meio de falas e escritos de William S. Lind e Pat Buchanan. Eles insistem que a Escola de Frankfurt (criada nos anos 1920, na Alemanha) é uma ponta de lança na destruição dos valores ocidentais e cristãos, instigando a degeneração moral por meio da cultura (cinema, música, literatura, filosofia etc.). O termo "marxismo cultural", no entanto, parece ter surgido antes, nos anos 1970, e era usado de forma positiva, para designar a mesma Escola de Frankfurt como um caso de "marxismo ocidental". A expressão teria sido usada pela primeira vez no livro de Trent Schoyer, *The Critique of Domination*. Ela ganhou muito destaque em 2011 por ter sido usada mais de cem vezes no manifesto de Anders Behring Breivik, o autor do massacre na Noruega.

[20] Todas as expressões entre aspas são de Weber (2011: 42).

[21] Segundo alguns autores, o desencantamento do mundo é um caso de "marxismo cultural", que somente pode ser revertido por uma mudança estrutural da sociedade. Radicais de esquerda e direita dão-se as mãos aqui, quando usam da falácia estrutural. Para uma versão ligeiramente diferente do quadro, veja o livro de Jason Josephson-Storm, *The Myth of disenchantment: Magic, Modernity, and the Birth of the Human Sciences* (UCP, 2017).

[22] Em uma "Carta aberta aos estudantes de Harvard", Camille Paglia, em tom weberiano atualizado, sugere, entre outras coisas, que é preciso insistir "na liberdade de pensamento e de expressão. Atacar é um direito democrático. A universidade deveria se organizar em torno da pesquisa intelectual vigorosa, e não da terapia ou dos desafogos da pessoa" (Paglia, 1996: 193).

AS DUAS PESSOAS DA ESCOLA

Todo o experimento educacional acaba, na melhor das hipóteses, sem resultados, enquanto, no pior dos casos, irrita e antagoniza tanto os pais como os filhos, que sentem estar sendo privados de alguns direitos especiais.

Hannah Arendt

Gorilas, pelicanos e batalhas

O Secretário de Educação do Estado do Rio de Janeiro, César Benjamin, quando assumiu seu cargo, em janeiro de 2017, escreveu, em sua rede social, a seguinte mensagem para os professores da rede de ensino que passava a coordenar:

> Proponho, desde já, um pacto entre nós: todas as crianças entregues aos nossos cuidados desenvolverão, na idade adequada e com proficiência, o domínio pleno da leitura, da escrita e do manejo dos números, que é a base do que vem depois. Isso deve ser um ponto de honra, uma meta clara que orientará nossos melhores esforços.

A solenidade da ocasião e da frase serve como medida da crise educacional brasileira: um secretário municipal de educação, no começo do ano letivo, pede solenemente aos professores que eles façam aquilo que devem fazer: ensinar as crianças a ler, escrever e contar. A proposta desse pacto é uma medida da crise educacional brasileira porque não causa estranheza, já que há quem não saiba que uma em cada cinco de nossas crianças chega ao terceiro ano lendo mal, escrevendo pior e com uma base muito fraca em matemática. A palavra solene, "pacto", no sentido usado pelo secretário, surgiu em

2012 quando se começou a falar de um pacto nacional pela alfabetização na idade certa. Esse primeiro passo se transformou, em 2014, na quinta meta do Plano Nacional da Educação: *alfabetizar todas as crianças, no máximo, até o final do terceiro ano do ensino fundamental.* Ano após ano nossos indicadores educacionais mostram que algo aparentemente tão simples, como ensinar uma criança a ler, escrever e contar, em três anos escolares, ainda não é uma meta realizada. Em 2016, segundo dados do MEC, apenas dois terços das crianças da terceira série tinham alcançado o aprendizado adequado na escrita.[1]

A frase do Secretário sobre o pacto com os professores me fez lembrar o modo como o filósofo francês Louis Althusser falou, com ironia, sobre a escola há cinquenta anos: "Ora, o que se aprende na Escola? Vai-se mais ou menos longe nos estudos, mas de qualquer maneira, aprende-se a ler, a escrever, a contar [...]" (Althusser, 1974: 20).[2]

Segundo Althusser, que fez muito sucesso no Brasil, o aparelho escolar ensinava não apenas a ler, escrever e contar, mas também as regras dos bons costumes, as regras da moral e da consciência cívica e profissional. É verdade que na descrição dele, a escola contribuía para a dominação de classe, mas, se as crianças aprendiam tantas outras coisas, não eram poucas as realizações dela.

Em 1968, um pouco antes do surgimento do escrito de Althusser, Philip Jackson publicou *A vida na sala de aula* (em uma tradução livre do título original). O livro era uma descrição minuciosa do que acontecia no cotidiano de uma escola. O autor conta que a inspiração de seu estudo surgiu das técnicas de observação de primatas (Jackson, 2010: 30). Ao invés de fazer questionários e levantamentos, Jackson teve a ideia de observar o comportamento dos estudantes durante o dia escolar. Essa decisão metodológica foi inspirada em um seminário que ele participou sobre o estudo do comportamento social de primatas. Ele observou durante muito tempo o comportamento dos professores e dos estudantes como se estivesse em campo, no meio dos gorilas das montanhas. O pesquisador escolar deveria, na sua definição,

> [...] comportar-se como um antropólogo, não mediante o estudo de culturas distantes, nem procurando animais exóticos, senão que por meio de visitas à sala de aulas correntes, tratando-as como se fossem culturas alheias, cheias de criaturas exóticas. (Jackson, 2010: 30)[3]

O livro de Jackson introduziu o conceito de "currículo oculto", expressão que impactou as teorias escolares dos anos 1970 e ajudou a sustentar uma noção ampliada do currículo escolar. No Brasil, aconteceu uma tropicalização que deve ser anotada, pois o livro foi lido entre nós de forma a enviesar o conceito de "currículo oculto", ignorando sua origem e motivação ampla – a observação de gorilas –, para enfatizar a dimensão de dominação política e social que não era relevante no livro.

Em 1970, no mesmo ano da publicação do livro de Jackson, Paulo Freire terminou de escrever a *Pedagogia do oprimido,* onde a palavra "escola" é usada apenas seis vezes, sempre em sentido negativo, como objeto de críticas como aquelas sugeridas por Althusser, que ele cita com aprovação. No mesmo ano, foi publicada no Brasil a obra de Pierre Bourdieu e Jean-Claude Passeron, *A reprodução: elementos para uma teoria do sistema de ensino.* Começava ali, na ressaca de 1968, o ciclo das teorias que rebaixavam a escola à condição de reprodutora do *status quo.* O argumento era simples: a escola é, antes de mais nada, uma instituição cuja função social é perpetuar e transmitir os valores da sociedade e manter intactas as relações de opressão e dominação vigentes.

Vale a pena examinar mais de perto uma das primeiras e mais importantes formulações desse conceito:

A escola é necessária para *perpetuar e transmitir o capital de signos culturais consagrados,* isto é, a cultura que lhe foi repassada pelos criadores intelectuais do passado, e para moldar uma prática em acordo com os modelos dessa cultura para um público que é agredido por mensagens conflitantes, cismáticas e heréticas – por exemplo, em nossa sociedade, os modernos meios de comunicação. Adicionalmente, ela é obrigada a estabelecer e definir sistematicamente a esfera da cultura ortodoxa e a esfera da cultura herética. [...] Segue-se que o sistema educacional, como uma instituição especialmente desenhada para *conservar, transmitir e inculcar os cânones culturais de uma sociedade*, deriva algumas de suas características estruturais e funcionais do fato que ela tem que cumprir essas funções particulares. (Bourdieu, *in* Young, 1971: 178, grifos nossos)

Repare na passagem anterior que Bourdieu em nenhum momento usa expressões como "capitalismo" ou "classe" social. Mais ainda, Bourdieu não diz que essa transmissão é opressiva. Sua elaboração sobre a escola enfatiza a função de *conservação cultural* de uma forma muito ampla. Em nenhum momento da definição é negado que as capacidades de avaliação, crítica e transformação dos cânones culturais *também são transmitidas.* Na sua aurora, o reprodutivismo era uma discussão de sociologia do conhecimento mais inspirada em Marcel Proust do que em Marx. A epígrafe do texto de Bourdieu é uma frase de *Sodoma e Gomorra*: "Teorias e escolas, como os micróbios e os glóbulos, devoram-se uns aos outros e, com essa luta, asseguram a continuidade da vida."[4]

Fica evidente que o reprodutivismo europeu foi tropicalizado. A formulação de Bourdieu foi aclimatada e complementada.[5] Acrescentou-se aqui que a escola estava a serviço da manutenção do capitalismo. Nas palavras de um insuspeito filósofo brasileiro, "a escola, *qualquer escola*, aparece como irremediavelmente solidária ao capitalismo".[6] Essa forma de ver era erguida contra aqueles que, alheios

As duas pessoas da escola

a uma descrição da escola em termos de classes sociais, falavam dela como promotora de formas de equalização social de modo progressivo. Uma das consequências da posição reprodutivista era, em certo sentido, o pessimismo sobre o alcance das atitudes reformistas na educação. Tratarei desse tema mais adiante. Sigo com a descrição dessa atmosfera dos anos 1970.

Em 1971, foi publicado um conjunto de textos que é o marco da "nova sociologia da educação". A obra, *Knowledge and Control. New Directions for the Sociology of Education* (Conhecimento e controle: novas direções para a sociologia da educação), teve seus principais capítulos escritos por Michael Young, Basil Bernstein e Pierre Bourdieu, nomes que se fixaram como referências na área (Young, 1971).[7] O livro começava com um poema sobre pelicanos e ovos:

> Um dia o jovem capitão Jonathan,
> que tinha dezoito anos então,
> capturou um Pelicano
> em uma ilha do Extremo Oriente.
> De manhã, este Pelicano de Jonathan
> pôs um ovo branco
> do qual saiu
> um Pelicano
> assombrosamente parecido ao primeiro.
> E deste segundo Pelicano, por sua vez,
> saiu um ovo branco de onde saiu,
> inevitavelmente outro
> que fez a mesma coisa.
> Esse tipo de coisa pode continuar
> durante muito tempo
> se você não fizer uma omelete.[8]

A omelete foi feita e o efeito dela foi devastador, pois essa nova sociologia do conhecimento aplicada à escola questionava o que deveria contar como conhecimento e, com isso, trazia uma perspectiva diferente sobre a questão do conhecimento escolar e do currículo.[9] Os autores que contribuíram para o livro que anunciava "novas direções para a sociologia da educação" eram sociólogos. Tratava-se, portanto, de *uma abordagem da escola em terceira pessoa*, que poderia ter sido recebida com cautela. Não foi isso o que aconteceu. A nova sociologia da educação foi muito aplaudida e provocou um deslocamento da visão não apenas dos estudos sociais sobre a escola, mas dos próprios professores, que passaram a experimentar uma certa esquizofrenia profissional. Uma coisa é estar na escola como docente diante de crianças e jovens, outra é ser um analista que vê a escola de fora. As fronteiras entre a sociologia, a sociologia do conhecimento e os estudos educacionais começaram a ficar borradas em prejuízo da especificidade desse último campo. Surgiu um novo continente de estudos de escolaridade e currículo, no espírito do poema de Desnos, incomodado com a reprodução dos pelicanos. Isso não poderia continuar assim. Era preciso fazer uma omelete desses ovos de pelicanos, e ela foi feita, com efeitos que, mesmo apodrecidos, duram até hoje.

Ainda nos anos 1970, as teorias críticas e reprodutivistas sobre a escola ganharam tração com o fortalecimento das correntes pedagógicas libertárias e desescolarizantes. A publicação, em 1971, do livro de Ivan Illich, *Sociedade sem escolas*, foi parte dessa atmosfera. O livro foi rapidamente traduzido e publicado no Brasil. Em um país de baixíssima escolaridade, começava um flerte com uma sociedade sem escolas, pois eventualmente os ovos do pelicano estavam estragados. Não seria melhor passar sem eles? E não se diga que essa febre aconteceu apenas nos anos 1970. Ela foi mais adiante e, em uma de suas versões, sustentava que

> Não se trata de discutir como, onde e a quem ensinar, a questão é outra: como aprender, onde e com quem aprender. O primeiro enfoque é autoritário, base tanto da ordenação educacional vigente como das alternativas pretensamente democráticas.[10]

"Não se trata de discutir como ensinar," pois isso é "autoritário" e "pretensamente democrático", esse era o lema de uma pedagogia que se queria libertária. Como podemos nos admirar que alguns campos de estudo na área da educação, como a didática e o planejamento curricular, tenham ficado em segundo plano em muitas Faculdades de Educação nos anos 1980?

Procurei indicar alguns elementos para a caracterização do progressismo educacional brasileiro dos anos 1970. Não é fácil caracterizar o conceito de "educação progressista", pois ele tem muitas versões ao longo da história da educação, antes mesmo do *Emílio*, de Rousseau.[11] Uma forma de entender as versões contemporâneas do progressismo educacional foi sugerida por Hannah Arendt ao dizer que é aquela que diminui a autoridade dos adultos e nega implicitamente a responsabilidade deles pelo mundo onde estão nossos filhos. O educador progressista, diz ela, "recusa o dever de guiar as crianças por esse mundo" (Arendt, 2003: 272) e transfere para elas a tarefa que é dele. Mais do que isso, as crianças são transformadas em instrumento da luta política, pelos professores, pelos sindicatos, por governantes, por juízes. As batalhas políticas deles transferem-se para o pátio das escolas: "Chegamos ao ponto em que se solicita às crianças que mudem e melhorem o mundo? E pretendemos ter as nossas batalhas políticas nos pátios das escolas?" (Arendt, 2003: 272).

Esse estado de coisas resultava de uma aproximação apressada entre educação e política. O progressista insiste que o ato de educar é um ato político sem mais. Essa fusão conceitual é mais uma confusão. O mundo da política é o das relações entre iguais; a educação é um trânsito entre mundos, da família para a sociedade mais ampla. Abordarei esse tema mais adiante. Por ora, quero apenas registrar, com Hannah Arendt, que essa confusão entre educação e política facilita o surgimento de situações de uso da escola por tiranetes de verde e de vermelho.

Escola para as massas

A situação civilizatória que possibilitou que a escola fosse o privilégio de uns poucos desapareceu com o Iluminismo e a Revolução Industrial, com o surgimento do conceito de ensino público e universal. Esse novo ambiente não surgiu do nada. Uma defesa do ensino universal foi publicada em 1657, na forma de um "tratado da arte universal de ensinar tudo a todos". Era a *Didática magna*, de João Amós Comênio, sempre lembrado como o pai fundador da pedagogia moderna. Sob muitos aspectos, isso é verdadeiro, pois Comênio defendeu a escola para todos, operários, agricultores, moços de fretes e mulheres. É certo que o livro está comprometido com as verdades do "reino cristão", mas isso não tira dele o mérito e a originalidade de tratar de todos os detalhes da vida escolar e de comprometer-se com o ensino de tudo para todos com uma profundidade até então não vista (Comênio, 1976).[12]

A proposição da escola pública e universal, em moldes semelhantes aos atuais, não comprometida com uma confissão religiosa, surgiu apenas no contexto da Revolução Industrial, quando o domínio da leitura, da escrita e dos números passou a ser uma necessidade básica. Entre os efeitos da Revolução Industrial estava o conceito de escola para as massas, desligada da religião e voltada para "dar às pessoas um novo conjunto de competências que eram essenciais para o êxito num mundo industrial" (Gopnik, 2016: 151). Grande parte das questões que hoje discutimos sob o título de "ensino público" datam do começo do século XIX quando ocorre essa grande partição na escola. As bases curriculares, metodológicas e políticas da educação pública, universal e gratuita surgiram ali e isso não passou despercebido a Marx e Engels. A décima proposta do *Manifesto Comunista* é uma defesa irrestrita da educação pública e gratuita:

As duas pessoas da escola

> Educação pública gratuita de todas as crianças. Eliminação do trabalho das crianças nas fábricas na sua forma atual. Combinação da educação com a produção material etc. (Marx; Engels, 1982: 125)

Marx acompanhava, nesse particular, o viés utilitarista e liberal típico daquele período. Nessa defesa da educação gratuita para todas as crianças, ele estava em sintonia, em 1848, com um movimento muito forte na Inglaterra de apoio à escolarização das filhas e filhos do operariado concentrado na periferia das grandes cidades pela Revolução Industrial. O documento fundador desses movimentos político-pedagógicos é *A escola de Madras*, um livro publicado em Londres, em 1797, que apresentou um projeto de escolas destinadas a crianças pobres. *A escola de Madras,* de Andrew Bell (1753-1832) foi o primeiro de uma série de livros que traziam projetos minuciosos, com detalhes sobre a formação de monitores de ensino, metodologias, currículos. Em 1803, Joseph Lancaster (1778-1838) publicou *Melhorias na educação*, no qual procurou corrigir alguns aspectos do trabalho de Bell, em especial, a necessidade de que as escolas não tivessem vínculo com a Igreja. Em 1812, James Mill publicou um panfleto cujo título dispensa comentários, *Escola para todos, de preferência a escolas para eclesiásticos,*[13] com uma resoluta defesa do ensino laico. O panfleto de Mill, no entanto, apenas antecede a obra mestra daquele período, a *Chrestomathia*, de Jeremy Bentham, cujo primeiro volume foi publicado em 1815.[14] O livro, um tratado de quatrocentas páginas, trazia não apenas o que poderia ser chamado de uma base curricular comum para o ensino de crianças e jovens, mas também princípios pedagógicos, metodologias, sistemas de inspeção, controle e avaliação estudantil. A *Chrestomathia*, de Bentham, é o ponto culminante dos debates da época em favor de uma educação pública, gratuita, universal e laica. Marx e Engels, por certo, deram um giro a mais no parafuso da discussão quando sintonizaram esses temas no *Manifesto Comunista,* mas, a rigor, eles seguiam a onda liberal e utilitarista que havia sido aprofundada por Jeremy Bentham e Stuart Mill.

A escola em terceira pessoa

O debate educacional baseado em evidências foi desprestigiado no contexto de abandono do "como ensinar". Os estudos quantitativos, as teorias curriculares tradicionais, o ensino baseado em metas e objetivos operacionais, as pesquisas em didática, tudo isso passou para o segundo plano em favor das teorias cada vez mais críticas. A palavra de ordem dos anos 1980 era de compensação do assim chamado "tecnicismo" da geração anterior. Era preciso pensar a educação como uma ação política, simbolizada, entre outros modos, pela pergunta sobre "quem educa o educador?"[15] O quadro que estou indicando é muito complexo e nuançado. Vou me limitar aqui a repassar algumas direções de resposta que explorei em *Quando ninguém educa* (Rocha, 2017).

O ponto principal foi o predomínio crescente de uma descrição sociológica da escola, em terceira pessoa, que em pouco tempo eliminou o que poderia ainda haver de uma mística escolar.[16] É preciso lembrar aqui que, até 1970, a pedagogia brasileira estava fortemente influenciada pela Escola Nova, um movimento de renovação da educação pública, originado nos anos 1930, pelas mãos de intelectuais como Fernando de Azevedo, Anísio Teixeira, Roquette Pinto, Delgado de Carvalho, Cecília Meireles e muitos outros. Eles não desconheciam a metodologia sociológica, mas posicionavam-se, por assim dizer, *dentro da escola, em primeira pessoa*, a partir de uma empatia política com uma população desprovida de oportunidades escolares. Seus líderes eram professores e intelectuais identificados com a causa do ensino público. Os intelectuais da Escola Nova falavam de dentro da escola, ocupavam as páginas dos jornais defendendo o ensino laico, público e gratuito como uma missão de vida – como foi o caso de Cecília Meireles que, entre 1930 e 1942, fez uma intensa militância jornalística em prol do ensino público.[17] Os críticos e os reprodutivistas, ao contrário, terminaram por favorecer uma atmosfera de recusa da escola enquanto não houvesse uma profunda transformação social. Houve quem adotasse, nessa direção, o lema, "Cuidado, Escola", como mostrarei logo a seguir.

Essa progressiva "sociologização da pedagogia", que começou com o bom argumento que uma teoria social do conhecimento deve fazer parte das teorias educacionais, evoluiu para uma redução do conhecimento a perspectivas e interesses de classe, ao ponto de vista dos sujeitos que conhecem, em nome de possibilidades emancipadoras. Uma boa ilustração dessa tendência aconteceu no início dos anos 1980. Em 1982, Guiomar Namo de Mello publicou um livro tão pequeno e singelo quanto revolucionário. Era pequeno porque tinha apenas 150 páginas, era singelo porque trazia, no essencial, o relato de uma pesquisa de campo realizada em escolas do sistema estadual paulista, com dados estatísticos e os resultados de entrevistas e questionários aplicados a 564 professores da rede, para discutir opiniões, expectativas e percepções docentes em relação ao fracasso escolar. Era revolucionário porque sua apresentação era uma espécie de adeus às armas francesas da análise escolar.[18] A delicadeza do texto somente era superada pela força com a qual Guiomar defendia sua tese, que a competência técnica no ensino, o "domínio do conteúdo do saber escolar e dos métodos adequados para transmitir esse conteúdo", "realiza um dos sentidos políticos da prática docente" (Mello, 1998: 272). Parece trivial, mas não foi. Na verdade, o livro foi o pivô do que se poderia chamar de um pequeno escândalo.

Em 1983, um ano depois, o livro de Guiomar Mello foi considerado um "simples apelo em direção a uma maior competência técnica", um apelo de bom senso, mas "governista" (Nosella, 1983). Paolo Nosella, em um artigo nas páginas da revista *Educa-*

ção & Sociedade, não apenas manifestou sua "perplexidade" com o livro de Guiomar, mas procurou mostrar o retrocesso ideológico que ele promovia. Nosella qualificou o trabalho de Guiomar como uma "tese bastante confusa" que trazia a possibilidade de "uma volta a um novo e disfarçado tecnicismo pedagógico".

> Ou seja, a tecnologia educacional, dominante nos anos 60-70 e que vem sendo fortemente questionada pela crítica de cunho marxista, tentaria obviamente com extrema cautela, retornar ao palco do debate e da prática pedagógica através da tese bastante confusa que afirma poder-se chegar ao engajamento político, a partir da competência técnica. (Nosella, 1983: 91)

Invocando Gramsci e Labriola, Nosella apresentou uma diferença de tipo categorial entre a "cultura enciclopédica-burguesa" e a "cultura histórica-proletária". A cultura burguesa e sua ideia de competência, nessa descrição, "seria[m] prejudicial[is] à classe operária uma vez que confundiria[m] ainda mais a consciência das massas por ser enciclopédica e metafísica". Com esse enfoque, Nosella passava ao largo daquilo que era essencial para Guiomar Mello:

> O que acontece na escola, do ponto de vista do aluno, é aprendizagem e socialização, processos que podem ser abstraídos em termos de padrões ou tendências coletivas, mas que concretamente se efetuam em cada indivíduo singular. (Mello, 1998: 27)

Estava mais do que na hora, como Guiomar escreveu anos depois, de deixar de lado as firulas teóricas, tirar a escola do banco de acusação e começar a desenvolver competências de manejo da sala de aula e de organização de ensino. Era preciso, como já havia dito Marx, citado por ela, ensinar mais gramática do que economia política.[19]

O livro de Guiomar é um marco na história recente da educação brasileira, entre outras razões, por ter verbalizado o mal-estar então reinante. De um lado, estavam os "índices espantosos de repetência e fracasso escolar"; de outro, a produção dos teóricos da educação, que sentavam a escola no "banco de acusação" e construíam "teorias para desmistificá-la". O livro de Guiomar, concebido no interior do arraial crítico e libertário, que não mais falava da escola como um objeto sociológico em terceira pessoa, que olhava o aluno no olho, causou alvoroço. Seu impacto só não foi maior porque, no começo dos anos 1980 (o livro é de 1981), as idiossincrasias teóricas em terceira pessoa estavam no início aqui no Brasil. A escola não sairia tão cedo dos bancos de acusação. Com a abertura política no Brasil e seguindo a tendência dos países de fala inglesa, começava recentemente a liquidação final do "tecnicismo" em educação. O *pedagógico* pensado como *político* passou a ser uma categoria subordinada e manteve-se o ideário educacional no qual havia uma sociologia do conhecimento aparelhada "contra os interesses da burguesia". Dermeval Saviani, ao arbitrar o conflito entre Mello e Nosella, deu mostras de desconforto com a ideia de haver uma "cultura burguesa" e uma "cultura proletária", mas procurou também desviar-se da posição de uma "neutralidade científico-cultural", que parece ser monstruosa naquele período. Ele saiu com uma solução não menos assustadora. Saviani defendeu a universalidade e a objetividade do conhecimento humano, mas tirou de sua manga epistemológica uma carta marcada. Nela estava escrito que o conhecimento de leis da física e da química, por exemplo, é universal e que, portanto, ultrapassa os interesses de classe. O mesmo, diz Saviani, vale para o "conhecimento das leis que regem, por exemplo, a sociedade capitalista. Ainda que seja contra os interesses da burguesia, tal conhecimento é válido também para ela" (Saviani, 2013: 50).[20] Ou seja, Saviani acreditava piedosamente que o estado da arte marxista era tal que permitia ao teórico da educação ter acesso às leis da sociedade e da história. Seria epistemologicamente cômico se não fosse pedagogicamente trágico. Era esse o nosso estado da arte em

1983. Piorou com o tempo. No prefácio que escreveu para o mesmo livro, em 2013, Saviani retomou a falácia estrutural, segundo a qual os problemas escolares somente serão bem resolvidos com a transformação das estruturas sociais.

> Atualmente, na nova década [...] vai ficando cada vez mais evidente que as contradições que marcam a organização social baseada na propriedade privada dos meios de produção são orgânicas e não apenas conjunturais. Portanto, para resolvê-las, é necessário alterar as próprias relações sociais que as determinam. (Saviani, 2013: XVI)

Junto às tendências de crítica ao tecnicismo e à condenação da escola como reprodutora da cultura dominante, os anos 1980 também foram de consolidação do "populismo pedagógico". Essa expressão, "populismo pedagógico", começou a ser usada nos anos 1990 pelo sociólogo Basil Bernstein para analisar um fenômeno que ele observava na Inglaterra, a saber, a recorrência de uma estratégia pedagógica que consistia em inserir nas disciplinas escolares alguns segmentos de conhecimentos comuns, do repertório do cotidiano do estudante, com o objetivo de tornar o conhecimento escolar mais acessível. Os educadores, confrontados com o desafio de ampliar o acesso, mas principalmente a permanência do aluno na escola, começaram a acolher e valorizar aspectos do cotidiano do educando. O populismo pedagógico era uma estratégia que permitia ao educador dar voz a setores da população considerados marginalizados, para combater o elitismo e o alegado autoritarismo do conhecimento escolar. O populismo pedagógico foi uma estratégia de recontextualização dos conteúdos escolares e esteve presente na maior parte dos países que enfrentaram o desafio de expandir rapidamente a rede escolar, incorporando nela segmentos da população até então à margem do sistema. Vale lembrar que o fim do exame de admissão ao ginásio, no Brasil, ocorreu apenas em 1971. Foi também a partir dos anos 1970 que se acentuou o desafio de uma pedagogia e didáticas capazes de ensinar eficazmente gerações que vinham de lares com pouco letramento. Para nossa infelicidade, no entanto, esses desafios de reinvenção – e a mesma observação vale para os estudos de teoria curricular, psicologia da aprendizagem etc. – foram considerados uma ocupação menos urgente do que o da crítica reprodutivista e disciplinar do assim chamado "empoderamento" e do "discurso das vozes". O que aconteceu pode ser resumido em uma frase bem-humorada de Basil Berstein: assistimos ao progressivo predomínio do *etno* em detrimento da *grafia*.

A escola no banco de acusação

A escola virou ré. Escolhi um exemplo, entre muitos, para mostrar com mais detalhes esse tipo de análise da escola em terceira pessoa, que foi desmotivadora para o trabalho escolar em primeira pessoa. O exemplo que escolhi é representativo da literatura educacional da época, pois trazia no próprio título a indicação da periculosidade escolar. Trata-se de *Cuidado, Escola!*

Cuidado, Escola! foi um livro escrito para "pais, professores e alunos" de escolas básicas, comuns, formais, como se lê no texto. O livro foi produzido pela equipe do Instituto de Ação Cultural (IDAC), fundado na Suíça, em 1971, por Paulo Freire. Como informa um de seus apresentadores, o livro, que disseca "o sistema pedagógico da sociedade capitalista por dentro e por fora", foi escrito para leitores europeus e abordava as condições escolares da Europa.[21] Apesar dessa destinação, ele fez muito sucesso no Brasil, com ao menos duas dezenas de edições.

O livro é ricamente ilustrado por Claudius Ceccon. Sua capa se destaca: sob um fundo vermelho, há uma placa de trânsito em amarelo, com a figura estilizada de duas crianças indo para a escola. Sobre elas, um sinal de proibição. O subtítulo é *Desigualdade, domesticação e algumas saídas*. Os capítulos são fartamente ilustrados com desenhos e fotografias e a bibliografia é francesa, descontada a *Pedagogia do oprimido*. Os autores tinham relações indiretas com o chão da escola. Rosiska Darcy de Oliveira era professora universitária em Genebra, Miguel Darcy de Oliveira havia trabalhado com alfabetização de adultos e educação operária, Babette Harper ocupava-se com educação de mulheres. O livro contou ainda com a colaboração de Monique Séchaud e Raymond Fonvielle, esses, sim, ligados ao sistema de educação formal francês. A apresentação do livro é de Paulo Freire. Ele escreve que a escola, enquanto uma categoria ou instituição "abstrata", "não existe". A escola, diz ele, é sempre algo que "está sendo" dentro de algo mais abrangente. A escola é um "subsistema do sistema maior" e, assim, sua crise é a crise "da sociedade mesma que na qual se acha" (Harper et al., 1980: 7). Paradoxalmente, no entanto, não há em todo o texto uma só palavra sobre os problemas educacionais brasileiros. As estatísticas apresentadas sobre reprovações e atraso, seleção e evasão escolar são da França, Itália, Alemanha, Bélgica e da Suíça, os exemplos didáticos são todos de currículos europeus. Assim, o começo do livro, que fala sobre a "crise da escola" fala de uma instituição que ainda não existe no Brasil, uma escola pública minimamente universalizada.[22]

A crise da escola, segundo os franco-suíços, começava com o mal-estar dos alunos, pais e professores da França, Bélgica, Itália, Suíça, Alemanha, com as taxas de fracasso escolar nesses países. Os dados eram dos anos 1970, quando todos esses países estavam em pleno processo de expansão do ensino inclusivo e experimentavam os contratempos típicos desse processo. Diante da dificuldade localizada e histórica de ampliação do sistema público de ensino, os autores começam a contar uma história da educação que, a pretexto de oferecer uma perspectiva histórica da escola, defende a tese que diz que, apesar de todos os esforços, "a desigualdade social permanece": "a escola reproduz a divisão da sociedade em categorias sociais distintas" e "é uma máquina programada de tal maneira que, em geral, acaba promovendo e valorizando o filho de um professor, por exemplo, e rejeitando o filho de um operário" (Harper et al., 1980: 36 ss).

O que é essa máquina-escola, no entendimento dos autores? A primeira característica da escola é surpreendente. Ela é "um mundo à parte, fechado e protegido". *Lida hoje, no Brasil de 2019, a frase soa para alguns ouvidos como uma bênção, não?* Quem dera que assim fosse, alguém diria. Os autores ilustram esse ponto com um desenho que mostra dois personagens. Um deles é uma alienígena (ao seu lado está um disco voador) que traz escrita no corpo a palavra "mãe". A "mãe" diz para o professor: "Eu apenas queria um contato imediato do terceiro grau com meu filho...". O professor impede a passagem da mãe e responde: "Desculpe, mas é proibida a entrada de pessoas estranhas". No topo do quadro, há uma frase de contextualização que diz que a escola é um mundo à parte, "cujo acesso é cuidadosamente controlado". Esse desenho é precedido por outro, de um prédio escolar dentro de uma redoma de vidro, que está rodeada pelos prédios da cidade. Acima está escrita a frase: "Um mundo à parte, fechado e protegido". Aquilo que nos anos 1980 era considerado um defeito do sistema escolar é visto hoje como um ideal quase inatingível, pois o pátio da escola está sendo invadido por todos os lados do jogo político.

Os autores protestam contra a separação da escola em relação à vida, contra os rituais escolares, contra o silêncio e a imobilidade na sala de aula, contra os papéis fixos de alunos e professores, contra a "língua escolar estandardizada", contra as proibições, a comunicação artificial, as punições e os castigos, contra a falta de significação imediata dos conteúdos escolares, contra o desligamento da realidade, contra as disciplinas compartimentadas e a hierarquização das matérias escolares, contra o comando dos professores adultos, as "correias de transmissão" sem margens de liberdade no trabalho docente. A escola também não valoriza as diferenças de cultura entre as "classes privilegiadas", da "cultura dominante" e "as crianças dos meios populares" e, mais importante ainda, não valoriza as diferenças nas "experiências adquiridas fora da escola". A escola, enfim, é "peça de uma engrenagem maior": "Ora, na escola todos aprendem justamente que nada podemos fazer, por nós mesmos ou em colaboração com outros, com aquilo que a escola nos ensina" (Harper et al., 1980: 97).

Depois de muitas páginas de ceticismo pedagógico, os autores sugerem o que é possível fazer e encaminham cinco saídas. A primeira delas é a menina dos olhos de nosso progressismo pedagógico. Ela sugere que o professor deve

> articular *toda a vida escolar* em torno da atividade dos alunos. *Não se trata mais de transmitir conhecimentos ou seguir um programa oficial,* mas sim de fornecer recursos e instrumentos aos alunos para que eles possam reagir ao seu meio ambiente e *construir,* pouco a pouco, as noções próprias a seu desenvolvimento intelectual. (Harper et al.,1980: 110)

O sentido do ato educativo completa-se quando o educador se coloca "à disposição do aluno e se adapta à sua linguagem, à sua conduta e a seus modos de socialização". Nenhum pedagogo pode negar que essa atitude de acolhimento seja um dos momentos cruciais para uma boa relação didática. Dado que não se trata mais de "transmitir conhecimentos", fica pronta a receita para um populismo pedagógico que condena o aluno ao seu próprio ambiente. A segunda saída consiste em privilegiar a evolução socioafetiva do aluno, atitude mais do que recomendável e que seria mais efetiva em um ambiente escolar no qual o papel do professor fosse mais estimado. A pedagogia sugerida por *Cuidado, Escola!,* no entanto, é fortemente não diretiva e objetiva, como quarta e quinta saídas, que a classe seja "um grupo solidário e consciente", com os professores adotando atitudes "não diretivas", valorizando a "autogestão". Tudo o que um professor puder fazer pelo crescimento da autonomia dos alunos sempre será pouco, mas isso mesmo exige a preservação da capacidade docente de organizar o ambiente de aprendizagem, de modo diretivo. O mecanismo da pedagogia do IDAC masca suas próprias engrenagens.

Cuidado, Escola! vai direto ao ponto e faz uso da falácia estrutural: a raiz do problema educativo está fora da escola. A escola que temos é "inerente ao modo industrial de produção" e seu papel é "prolongar e reforçar – ao invés de contrabalançar e de corrigir – a ação desintegradora, infantilizante e domesticadora da sociedade de consumo e do Estado". A consequência dessa premissa é: somente teremos uma outra escola e uma outra educação quando conseguirmos a "reestruturação do modo de produção e de organização social no qual vivemos [...]" (Harper et al., 1980: 116).[23] O livro franco-suíço-brasileiro se encerra, como era típico na época, com a falácia da estrutura, ao dizer que os problemas da escola são de tal magnitude que somente haverá uma outra educação se houver uma mudança na "sociedade como um todo". No varejo do trabalho pedagógico, na opinião dos autores, podemos ocupar algumas brechas, fazer experiências alternativas, mas sempre estaremos distantes "de uma outra escola", que é impossível de ser construída "no interior do sistema oficial de ensino". É somente na transformação da estrutura social que os autores encontram o remédio para os males do presente e, assim, fica evidente que os usos da metáfora da estrutura estão ligados a uma fuga para o futuro.

A síndrome da Gata Borralheira

O fascínio despertado pelos estudos antropológicos, filosóficos, sociais e políticos, aplicados à formação de professor, contribuiu para o desprestígio da formação em didática. As disciplinas que estavam diretamente ligadas ao *como ensinar* aos poucos foram vistas como atividades de segunda categoria. Essa situação pode ser ilustrada com um comentário de Nélio Parra, em meados dos anos 1980. Ao discutir o que ele chamou de "questionável papel das faculdades de Educação", Parra lembrou que os futuros professores, durante o processo de formação nas licenciaturas, em seus congressos e encontros de formação, viam-se como Cinderelas politizadas, mas depois sofriam a síndrome da Gata Borralheira:

> E a Cinderela politizada, que tem o seu momento de brilho nesses encontros, vive todo um drama quando, após as doze badaladas, vestindo novamente o seu traje de Gata Borralheira, se vê perdida sem saber como resolver o problema de alfabetizar as cinquenta crianças subnutridas e desmotivadas de sua classe. (Parra, 1986: 129)

A sugestão que Parra fez na época para enfrentar esse estado de coisas implicava o esvaziamento do modelo de formação docente vigente no Brasil até hoje. Como se sabe, na imensa maioria das universidades, a responsabilidade pela formação do professor é repartida entre os departamentos que oferecem os conteúdos específicos e os departamentos que oferecem a formação em fundamentos de educação, metodologias de ensino, legislação, administração escolar etc. Esse modelo foi adotado durante a Reforma Universitária, nos anos 1970, e perdura até hoje. A sugestão de Parra, como já disse, é, na verdade, uma crítica radical ao modelo de formação de professores:

> A meu ver, a responsabilidade pela formação de professores deveria ser assumida pelos institutos que fornecem os conteúdos específicos, isto é, os Institutos de Matemática, de Biologia, de Ciências Sociais, e assim por diante. (Parra, 1986: 133)

Essa sugestão tem sido implementada parcialmente por algumas universidades. Isso não parece ser uma tendência, e, sim, uma reação pontual de alguns departamentos, que chamam para si algumas das áreas de responsabilidade das faculdades de Educação, como a formação em Didática e Práticas de Ensino, mas raramente os temas de administração escolar.

Existem indicadores objetivos do zelo em relação aos aspectos políticos, sociais e fundamentais da educação e do descuido com a formação profissional específica. Em 2009, um estudo publicado pela Fundação Carlos Chagas deu conta de que apenas 28% das disciplinas dos cursos de Pedagogia se referem à formação profissional específica – 20,5% a metodologias e práticas de ensino e 7,5% a conteúdos (Gatti e Rossa, 2009).

É preciso dizer isso da forma mais clara possível: não é razoável negar que a escola é, *em certas condições e sob um certo ponto de vista*, um lugar de disputas políticas e sociais. Mas não é menos verdadeiro que a escola não pode ser vista, nos cursos de formação de professores, como um espaço de ação política *em primeiro lugar*. A escola não é, em *primeiro lugar*, um espaço de disputas políticas e ideológicas, ela não é, *em primeiro lugar*, um espaço de lutas sociais. É preciso identificar essa lamentável confusão entre *estar na escola, em primeira pessoa*, como estudante, como professor, como administrador escolar, como pai ou responsável, e *falar sobre ela em terceira pessoa*, fazendo dela um objeto de teorias, à esquerda ou à direita, que mais confundem do que ajudam a criança a aprender a ler, escrever e contar.

Educar *não* é um ato político

Quando descrevemos a escola como uma instituição política, social, psicológica, antropológica, legal, estamos em terceira pessoa e tomamos distâncias e perspectivas teóricas. Nessas situações, queremos fazer ciências da educação, de todo tipo de engajamento e feitio. Já houve um tempo em que se pensou que o continente da história e da sociedade tinha sido descoberto e que uma ciência da história e da sociedade estava ao alcance, tornando disponível um "pensar certo" sobre todas essas coisas. Paulo Freire deixou isso claro no derradeiro capítulo da *Pedagogia do oprimido*, quando assumiu a teoria leninista sobre as relações entre teoria e prática: sem uma teoria revolucionária não pode haver um movimento revolucionário.[24] O ditado de Lênin, em *Que fazer* (Freire, 2014: 168ss.),[25] não apenas cria uma assimetria entre o detentor da teoria e seu objeto, mas transforma esse objeto em um "ele", em um tema de discussão distante de nós, que possuímos a teoria. Essa perspectiva de terceira pessoa, que objetifica o que vê, é necessária e adequada em muitas circunstâncias, mas não em todas. Frequentemente, precisamos descrever um fato, contar o que alguém nos disse, relatar o que lemos em um livro. Nessas horas, o que vale é o compromisso com a objetividade; não podemos incluir na descrição o que não vimos, não podemos atribuir ao outro coisas que ele não disse, não podemos relatar algo que não está no livro, não devemos deixar de fora o que é essencial. Não há nada de errado com a perspectiva de terceira pessoa, mas não podemos deixar de lado o fato básico que o professor, a criança, o administrador, os pais entram na escola em primeira pessoa.

Quando escrevi *Quando ninguém educa*, procurei mostrar uma ponta desse problema na terceira parte do livro, quando falei sobre o processo de alfabetização e letramento, sobre a pedagogia como renascimento ou sobre o significado da passagem do aluno pelo portão da escola. A escola, em primeira pessoa, é a experiência real de um outro mundo possível, pois, depois da passagem do portão da escola, toda e qualquer hierarquia deve depender das regras claras de uma instituição responsável por aprendizagens complexas que não ocorrem na rua. É na escola que, com um pouco de cuidado, surge o contraste entre as aprendizagens na casa e na rua. A vivência desse contraste entre a casa, a rua e a escola oportuniza o enriquecimento de sua compreensão sobre o significado de direitos e deveres impessoais. A escola não grita; ali as coisas devem ser apenas ditas e os mistérios do feijão e da vida são introduzidos. A escola não é apenas um lugar onde a criança vai para aprender a ler e escrever e contar. Ela é o lugar de vivência, em primeira pessoa, de um mundo novo e diferente, onde a cor da pele, o formato dos olhos e o tipo de roupa não devem contar na lista dos méritos pessoais. A escola é a primeira possibilidade de vivência de um âmbito de socialização que não é melhor nem pior do que as vivências familiares e de grupos; ele é diferente e é essencial para a vida da criança.

Poucos autores viram isso tão claramente quanto Hegel. Ao falar sobre a educação, ele escreve que

> A educação (*Pädagogik*) é a arte de tornar éticos os seres humanos; ela considera os seres humanos como seres naturais e mostra como eles podem renascer, e como a primeira natureza deles pode ser convertida em uma segunda natureza, espiritual, de tal maneira que essa espiritualidade se torne neles um hábito. (Hegel, 2014, § 151)

Nossa tradição pedagógica, ao menos aquela consagrada nos textos de Paulo Freire, valeu-se de outros conceitos de Hegel, como a dialética do senhor e do escravo, em detrimento das elaborações dele sobre educação. Uma consideração dos textos hegelianos sobre pedagogia evitaria o desconforto conceitual criado pelo uso descuidado da frase "educar é um ato político". No vocabulário hegeliano, essa frase do progressismo pedagógico brasileiro não é boa.

A Pedagogia, de acordo com Hegel, está no caminho que nos leva ao mundo da moralidade objetiva. A família e, com ela, a educação dos filhos representa a esfera da vida onde nascemos pela primeira vez e onde, pela primeira vez, ficamos em contato com a dimensão do espírito na forma da língua materna. No âmbito da família, há um sistema de justiça para com os filhos que se regula de outra forma, quando comparado com o sistema de justiça na sociedade ci-

vii. Os direitos e os deveres dos pais para com os filhos são balizados pela consciência de que as crianças são seres livres, mas ainda imersos em uma naturalidade da qual somente sairão mediante a disciplina que lhes será exigida.

A disciplina, diz Hegel (2014), é um dos principais momentos na educação das crianças e tem como objetivo interromper nelas as tendências "meramente sensíveis e naturais" de suas vontades deixadas a si mesmas. Nessa dimensão, não basta a atitude da bondade e da gentileza, pois no trânsito delas para o espaço das razões há uma etapa na qual a própria ideia de razão deve ser, por assim dizer, introduzida, treinada. Os pais garantem (ou não) a passagem para a dimensão do espírito e do universal. "A menos que o sentimento de subordinação, que cria o desejo de crescer, seja alimentado na criança, elas se tornam impertinentes" (Hegel, 2014: 212, § 174).

A justiça e a veracidade, no círculo da vida familiar, estão ligadas a um ambiente de amor e confiança assimétricos, pois as crianças amam seus pais de uma forma diferente daquela com que são amados, imersas que estão, por um largo tempo, na tarefa de um nascimento, desde o natural até alcançarem o espaço do espírito.[26] A entrada no espaço das razões, a entrada no espaço do espírito significa para nós a difícil busca e domínio da capacidade de agir de acordo com a natureza das coisas, e não apenas a partir de nossa sensualidade natural (Hegel, 2014: 225, § 187). Uma pessoa educada, diz Hegel, tem a capacidade de empatia profunda com os sentimentos dos outros.

A abordagem hegeliana sobre a educação vem antes de sua discussão sobre o funcionamento da sociedade civil. A Pedagogia, apresentada por ele como a possibilidade de nosso segundo nascimento, antes de nossa vida política propriamente dita, esvazia o lema progressista. A partir da perspectiva da primeira pessoa, a educação é um espaço intermediário, uma região de transição na qual o espírito recebe o treinamento para enfrentar as investidas do capricho, de onde quer que ele venha. Em primeira pessoa, a educação é um espaço de práticas espirituais, no qual as investidas do capricho podem ser destruídas e superadas, "para que o pensamento racional possa ter curso livre" (Hegel, 2014: 195, § 151). Isso não é, propriamente, política.

É verdade, acrescenta Hegel, que os seres humanos podem morrer como resultado dos hábitos que adquirem ao longo dessas práticas. Não é raro que a gente fique tão acostumado com a vida cotidiana que ela se torne uma droga, algo que nos entorpece, física e mentalmente. Tudo se passa como se a tensão entre as nossas experiências subjetivas e as demandas da vida espiritual desaparecessem. O mundo se torna plano, o ânimo se esvai, nada mais nos resta a realizar. Sobrevém, assim, a morte na vida, mental ou física. "Pois os homens são ativos apenas na medida em que eles não alcançam algo que desejam realizar" (Hegel, 2014: 155, § 151). Quando a política engole a vida na primeira pessoa, a vitalidade aos poucos desaparece para dar lugar ao desinteresse e ao tédio.

NOTAS

1 O Pacto de 2012 foi precedido, em 2010, por uma Resolução do Conselho Nacional de Educação, de 14 de dezembro de 2010, que dizia: "Os três anos iniciais do Ensino Fundamental devem *assegurar* a alfabetização e o letramento [...]."

2 A escola, segundo o autor, é o aparelho ideológico dominante, junto com a família e substituiu a Igreja nesse papel. Há um momento curioso, no final da exposição sobre a Escola, no qual o autor pede desculpas aos professores que tentam usar as armas do conhecimento contra o sistema. São uns raros heróis, ele diz, que com seu devotamento ajudam a piorar as coisas, pois contribuem para manter a representação ideológica burguesa da escola.

3 A exposição sobre essa decisão metodológica, que lhe ocorreu em 1962, está relatada na introdução do livro.

4 O texto de Bourdieu que consta na antologia de 1971, *Campo Intelectual e Projeto Coletivo*, já havia sido publicado na França em 1966.

5 Essa história é bem mais complexa. Suspeito que essas primeiras formulações de Bourdieu não tiveram muita força, pois praticamente não há referências a esses trabalhos na literatura da época. Bourdieu se fez presente a partir do trabalho conjunto com Passeron.

6 A frase é de Bento Prado Júnior. Vou colocá-la aqui no contexto em que foi escrita para não cometer uma injustiça para com ele. Os itálicos são meus: "A escola, esse espaço privilegiado e acolhedor, que até então era visto como a melhor área para um feliz encontro entre letrados de boa vontade e jovens sadios e sedentos de saber, uns e outros preocupados com o advento de uma sociedade justa, passou a ser visto como uma máquina infernal a serviço do *status quo*. Como esquecer, um exemplo entre outros, os textos de Ivan Illich, muito descabelados e pouco acadêmicos, é certo, mas sempre ricos de intuição, que frequentemente dão mais a pensar do que os escritos de seus tão numerosos

críticos? *Nesses textos, como em outros que examinaremos, a escola, qualquer escola, aparece como irremediavelmente solidária ao capitalismo (ou, em alguns casos, à sociedade industrial) e à diferença social, exatamente ao contrário do que pensavam nossos avós, ilustrados, republicanos, radicais, socialistas – os progressistas em geral"* (Prado Junior, 1980: 15-16, grifo nosso).

[7] Os participantes do volume foram Basil Bernstein, Alam Blum, Pierre Bourdieu, Ioan Davies, Geoffrey Esland, Robin Horton, Nell Keddie e Michael Young.

[8] Trata-se de um poema de Robert Desnos (1900-1945), poeta surrealista francês e membro da resistência francesa à ocupação nazista. A tradução é minha.

[9] A presença da sociologia do conhecimento na pedagogia brasileira ocorre desde o final dos anos 1950. Como exemplo disso posso indicar o livro de Geraldo Bastos Silva, *Introdução à crítica do ensino secundário*, de 1959, e o livro de Paulo Freire, *Educação e atualidade brasileira*, do mesmo ano. Os dois citam Karl Mannheim.

[10] A frase citada é de autoria de Maurício Tragtenberg, em "O conhecimento expropriado e reapropriado pela classe operária" (in Prado Jr., 1980: 78).

[11] As concepções progressistas mais radicais remontam à Platão, em *A República*.

[12] Comênio reconhece sua dívida para com Lutero que exortava seus seguidores a construírem escolas "para educar a juventude de ambos os sexos de tal maneira que, mesmo aqueles que se dedicam à agricultura e às profissões manuais, frequentando a escola, ao menos duas horas por dia, sejam instruídos nas letras, na moral e na religião" (Comênio, 1976: 156).

[13] O subtítulo do panfleto de Mill segue assim: "*Ou o estado da controvérsia entre os advogados do sistema Lancasteriano de educação universal, e aqueles que elaboraram um sistema exclusivo e parcial sob o nome da Igreja e do Dr. Bell.*"

[14] O texto completo da *Chrestomathia*, com uma segunda parte, foi publicado em 1817. Agradeço a Roberta Santurio por me chamar a atenção para esse livro.

[15] Essa expressão de Marx foi citada em *Pedagogia do oprimido*. Trata-se de uma frase da terceira tese de Marx sobre Feuerbach. A frase estava em voga na época entre os brasileiros exilados no Chile. Ela fora usada antes por Álvaro Vieira Pinto em um texto de 1966, *Sete lições sobre educação de adultos*.

[16] Os "pioneiros da Escola Nova" deixaram claro que uma de suas forças metodológicas era a introdução do "ponto de vista sociológico" na abordagem da educação. Assim, não estou criticando aqui, de uma forma genérica, a abordagem sociológica aplicada à escola. Isso era trivial para a Escola Nova, como qualquer leitor de Fernando de Azevedo sabe. Minha crítica visa tanto a forma como a "nova sociologia da educação", a partir dos anos 1970, radicalizou-se em várias tendências, algumas de sociologia do conhecimento, outras de crítica externa a partir das variedades do althusserianismo, quanto o entusiasmo com que foi abraçada e adotada na formação de professores, em detrimento da formação metodológica e de conteúdos.

[17] Cecília Meireles foi uma das pessoas que assinou o *Manifesto da Escola Nova*, em 1932.

[18] Ironicamente, Guiomar usou Sartre para fazer a crítica da visão da escola como uma instituição subordinada e a serviço da infraestrutura econômica. Seu recurso foi citar a famosa passagem, em *A questão de método*, na qual Sartre critica o marxismo por dissolver o indivíduo nas estruturas da história. Não há lugar relevante para a família, como mediação entre classe e o indivíduo, diz Sartre. Guiomar pede que o leitor substitua, no texto de Sartre, a palavra "família" pela palavra "escola", para que possa ver nela o papel de mediação que foi perdido pelo dicionário reprodutivista dos anos 1970.

[19] As expressões que usei são de Guiomar, na apresentação que acrescentou ao livro em 1993. A frase aborda a "estreiteza e o imediatismo do sindicalismo corporativista, as idiossincrasias teóricas e firulas psicometodológicas dos educadores". Ver Mello (1998: xi).

[20] A passagem completa é essa: "Com efeito, dizer que determinado conhecimento é *universal* significa dizer que ele é *objetivo*, isto é, se ele expressa as leis que regem a existência de determinado fenômeno, trata-se de algo cuja *validade é universal*. E isto se aplica tanto a fenômenos naturais como sociais. Assim, o conhecimento das leis que regem a natureza tem caráter universal, portanto sua validade ultrapassa os interesses particulares de pessoas, classes, épocas e lugar, embora tal conhecimento seja sempre histórico, isto é, seu surgimento e desenvolvimento são condicionados historicamente O mesmo cabe dizer do conhecimento das leis que regem, por exemplo, a sociedade capitalista. Ainda que seja contra os interesses da burguesia, tal conhecimento é válido também para ela".

As duas pessoas da escola

[21] A frase entre aspas e a informação estão na contracapa do livro, que é assinada por Carlos Rodrigues Brandão.

[22] Eu me fiz aqui uma objeção: qual é o problema de tratar da educação na Europa? Afinal, o trabalho foi escrito lá, para os leitores de lá. Ocorre que, tanto quanto apurei, esse texto nunca circulou na Europa na forma de livro. Na ficha dele, há uma informação que a edição original *Attention, Ecole!* é um "Documento IDAC nº 16/17". Produzido em Genebra, em 1980, o texto foi publicado no Brasil ainda em 1980 e *sucessivamente republicado, até aproximadamente 2003*. O que me intriga aqui é o fenômeno das ideias fora do lugar. A elite pedagógica de um país que apenas começava o esforço da universalização do ensino público adotou, de forma tão entusiasmada quanto descontextualizada, o discurso da crise escolar da Suíça.

[23] Essa é a passagem da qual extraí as expressões que destaquei no texto: "Mas a raiz do problema educativo está fora da escola. A escola inerente ao modo industrial de produção não faz senão prolongar e reforçar – ao invés de contrabalançar e de corrigir – a ação desintegradora, infantilizante e domesticadora da sociedade de consumo e do Estado. Por isso mesmo é que, a nosso ver, uma outra educação só será viável em larga escala quando a experiência quotidiana de cada cidadão, de cada comunidade ou de cada grupo social – em sua vida e em seu trabalho, em seu modo de comportamento e em suas relações com os outros – se transformar em fonte de questionamento, de criatividade, de participação e, portanto, de conhecimento. A reestruturação do modo de produção e de organização social no qual vivemos é um processo inseparável da reinvenção dos contextos e das modalidades de aquisição do saber. Somente uma outra maneira de agir e de pensar pode levar-nos a viver uma outra educação que não seja mais o monopólio da instituição escolar e de seus professores, mas, sim, uma atividade permanente, assumida por todos os membros de cada comunidade e associada a todas as dimensões da vida quotidiana de seus membros" (Harper et al., 1980: 116).

[24] "E, na razão mesma em que o que fazer é práxis, todo fazer do que fazer tem de ter uma teoria que necessariamente o ilumine" (Freire, 2014: 167ss).

[25] Freire cita a tradução para o inglês do livro de Lenin, *What is to be done?*

[26] "A veracidade da criança para com os pais é substancialmente diferente daquela dos pais para com a criança. Enquanto a vida da criança é um livro aberto para os pais e a sua palavra deve revelar tudo que houver de oculto e secreto, não se pode dizer o mesmo na inversão do relacionamento. O direito dos pais em relação à criança é outro, no que diz respeito à veracidade, do que o da criança em relação aos pais" (Bonhoeffer, 2002: 202). Recomendo a leitura do capítulo "Que significa dizer a verdade?", onde está essa passagem, para o aprofundamento do tema.

NOSTALGIAS INDULGENTES

Essas verdades duras significam abandonar muitas das complacên-
cias da esquerda, desafiar o que queremos dizer por muitos anos por
"radical" e "progressista".

Susan Sontag

Sobre o pensamento de risco

Eu gostaria de apresentar este capítulo como um exercício de "pensamento de risco". Com essa expressão, quero indicar aqueles conteúdos, aquelas hipóteses cujo aparecimento no mundo cotidiano implica o risco de produzir consequências indesejáveis.[1] O pensamento de risco aborda temas que são pouco adequados para o cotidiano. O lugar do pensamento de risco é, primeiramente, o mundo acadêmico, com suas revistas e livros, com suas regras de funcionamento, suas torres de marfim. A função dos muros e das torres é a de manter longe desses debates aquelas pessoas que eventualmente não compreenderiam nada do que ali se discute e que, se os escutassem, poderiam fazer os usos indesejáveis de que fala Gumbrecht (2010). A função da torre de marfim é permitir que seus usuários vejam mais longe, no horizonte distante, os perigos e as oportunidades que se aproximam. O mundo acadêmico é apenas um dos lugares naturais para o pensamento de risco. Ele também cabe nos livros, nos jornais, nas revistas, nos meios de comunicação nos quais o usuário é ativo. O pensamento de risco se evapora quando as conversas consistem apenas em gritos de guerra. Na sala de aula das universidades, o pensamento de risco consiste em conduzir os alunos até "as portas da complexidade, sem atravessar com eles essas portas" (Gumbrecht, 2010: 161).

Um dos exemplos da necessidade desse tipo de pensamento de risco está ligado às formas de recepção da obra de Paulo Freire. Há temas que tentamos esquecer, mas que, por mais que sejam recalcados, voltam com ainda mais força. Por que, até hoje, as biografias de Paulo Freire mais se parecem com as vidas de santos? Há uma série de perguntas incômodas das quais os biógrafos se desviam sistematicamente, como o diabo faz com a cruz: Paulo Freire, um católico praticante, teria tido a fama que teve sem ter se aproximado dos comunistas em 1963? Por que não há um único texto sobre a conversão dele ao maoísmo? Por que não há um único texto que discuta seu abandono do maoísmo? Como é possível conciliar o diretivismo leninista francamente presente na *Pedagogia do oprimido* com a profissão de fé não diretivista ali também presente? O Ministério da Educação informa em sua página oficial que o método Paulo Freire alfabetizou 300 cortadores de cana em Angicos. Essa informação é falsa. Em Angicos, não havia plantação de cana, os trabalhadores rurais eram apenas uma parte dos alunos. Quanto ao "método Paulo Freire" de alfabetização, as confusões entre memória e história são ainda maiores, pois a autoria do método foi questionada por ele mesmo, que não se constrangeu em escrever que sua originalidade estava no "novo uso de coisas conhecidas" (Freire, 1983: 122, nota 24).[2] Os comunistas o acusaram de não ser suficientemente marxista; os conservadores também o rejeitaram, e, assim, ele, que combatia os "sectários" da esquerda e da direita, cravava uma coluna do meio e dizia ser um "radical".[3] O que isso queria dizer? Minha conclusão é que tudo está por se fazer no que diz respeito a uma boa compreensão de Freire.[4] As versões sobre seu legado que se acumulam na bibliografia popular e acadêmica apenas repetem, monotonamente, um mesmo conjunto de fatos mal narrados.

Na medida em que me aprofundei nas leituras de e sobre Paulo Freire, surgiram fatos que destoam de sua imagem mais divulgada. Afinal, há uma memória oficial, cultivada faz décadas, que faz de Paulo Freire o campeão da educação popular e de uma metodologia revolucionária de alfabetização de adultos, o teórico de novas relações, menos verticais, entre professores e alunos, o educador da emancipação. Ora, quanto mais eu li Paulo Freire, quanto mais eu li sobre a época que impulsionou seu prestígio, mais foram surgindo memórias heterodoxas; a cada camada de leitura, fui me deparando com situações que são objeto de esquecimentos institucionais, silêncios consentidos, explicações pela metade e avaliações equivocadas. É como se houvesse um pacto para deixar um certo passado no passado, como se essa estratégia pudesse anular os fatos incômodos. O resultado dessa falta de atenção são tensões ideológicas que se acumulam até que explodem na forma de pensamentos de baixa complexidade, em todos os quadrantes da guerrilha cultural. Os mandarins erguem as bandeiras: é proibido tocar em cadáveres, não convém pensar fora da faixa de baixa complexidade, é melhor deixar a memória como está e seguir com as canções de combate.

Há uma atitude de complacência com algo que deveríamos ter reconhecido como *um ataque à escola*, mas que foi recebido como uma crítica razoável. Eu não estou pensando aqui apenas no que expus anteriormente, como as críticas dos reprodutivistas em *Cuidado, Escola!*. Aqui, eu penso em uma lista que inclui os ataques explícitos aos professores que se recusavam a rezar pela cartilha do progressismo pedagógico. Na culta e vetusta Itália dos anos 1970, circularam manifestos esquerdistas contra os professores que, em espírito francamente maoísta, recomendavam aos estudantes das escolas de Pádua: "O professor nos controla, nos seleciona, nos reprime: devemos denunciá-los e a todos! Nenhum temor em denunciar os personagens mais seletivos da nossa escola! Denunciemos os professores reacionários e seletivos!"[5]

Nosso maoísmo foi mais discreto, mas existiu. Com a publicação da *Pedagogia do oprimido,* Paulo Freire deixou clara sua adesão ao maoísmo. Essa posição política ficou ainda mais declarada em seus escritos americanos, depois republicados aqui no Brasil no livro *Ação cultural pela liberdade,* onde repete os lugares-comuns do camarada: "O educador [...] sobretudo se é um intelectual pequeno burguês, deve esforçar-se, cada vez mais, por iluminar sua ação na sua prática com as massas populares, com quem tem muito que aprender" (Freire, 1977: 48).

E ainda:

> A ação cultural para a libertação e a revolução cultural implicam na comunhão entre os líderes e as massas populares, como sujeitos da transformação da realidade. Na revolução cultural, porém, essa comunhão é tão íntima que líderes e povo se tornam um só corpo e permanente processo de autoavaliação. (Freire, 1977: 85)

Os dois trechos recriam e ampliam algumas passagens das *Citações do presidente Mao Tsé-tung*:

> Recolher as ideias das massas, concentrá-las e levá-las de novo às massas a fim de que estas as apliquem firmemente, e chegar assim a elaborar ideias justas de direção. Tal é o método fundamental de direção.
>
> Devemos ir ao seio das massas, aprender com elas, sintetizar as suas experiências, e deduzir destas princípios e métodos ainda melhores e sistemáticos, explicá-los então às massas (fazer propaganda) e chamá-las a pô-los em prática, de maneira a resolverem os seus problemas e a alcançarem a libertação e felicidade. (Tsé-tung, 1975: 91-2)[6]

Freire fez muitas referências elogiosas à "revolução cultural chinesa", como já indiquei anteriormente. É preciso dizer, em defesa dele, que essa adesão ao maoísmo foi praticamente uma moda entre os intelectuais desse período.[7] Outra moda era a adesão à Revolução Cubana e uma grande admiração por figuras como Che Guevara e Fidel Castro.[8] Na medida em que seguimos falando de seu método e de sua obra numa atmosfera sebastianista e autoindulgente, que serviço fazemos?

"O ensino de humanas não pode ser ideológico"

O reconhecimento de erros e equívocos é uma coisa trivial na vida cotidiana, mas é moeda rara na política, onde as críticas e as autocríticas raramente são bem recebidas e frequentemente são consideradas desserviços. Não parece ser esse o caso do livro *A crise das esquerdas,* que é representativo de críticas que importam para o tema deste livro (Fornazieri e Muanis, 2017). Entre outras contribuições importantes, há uma entrevista concedida por Renato Janine Ribeiro que ajuda na compreensão da atmosfera que vivemos.

Janine lembra que nos ambientes de esquerda é comum a polarização entre "reformistas" e "revolucionários". Ele reconhece que boa parte das esquerdas não aceita políticas reformistas e defende, contra essa atitude, o que ele chama de "respeito à realidade". Janine faz uma comparação com o uso de drogas: há quem defenda políticas totalmente restritivas às drogas e restrições absolutas ao aborto. Janine pergunta se é possível acabar definitivamente com o uso de drogas, e também se é possível imaginar e implementar medidas que impeçam totalmente os abortos. Em visão realista, não. Nesse caso, como ficam as políticas de redução de danos? Elas podem ser abandonadas? Como se sabe, até mesmo a defesa de políticas de minimização de consequências do uso de drogas tem um alto custo político. Depois de lembrar a importância dessas políticas em relação às drogas e ao aborto, Janine faz uma comparação que poderia ser assim glosada: por que temos tanta dificuldade em admitir o irrealismo da restrição absoluta ao capitalismo? Parece evidente que as políticas de redução de danos do capitalismo tiveram, ao longo do tempo, frutos positivos e isso deveria estar no radar de uma esquerda em crise. Janine lembra que o capitalismo que temos hoje passou e continua passando por um processo civilizatório a partir da oposição trabalhista, da crítica ambiental, das formas de produção cooperativa e solidária.[9] O que ele sinaliza é que as políticas de esquerda precisam ser mais realistas e que não faz sentido pensar em termos de uma "luta sistêmica" entre dois sistemas, o capitalismo e o socialismo. *Não há dois sistemas.* O socialismo é apresentado como um

> projeto ético-político de sociedade que pode concretizar-se ou não, já que a História não pode ser fabricada. [...] Não existe mais luta sistêmica, uma luta que opõe dois sistemas. As lutas que ocorrerem estão no âmbito do sistema capitalista, com suas variedades de formas.[10]

Depois dessa questão mais geral, ele indica aspectos pontuais, como, por exemplo, a necessidade de debater o radicalismo sindical e corporativo no ambiente educacional brasileiro. O alvo aqui são as situações que Janine considera "insanas", "autodestrutivas", "esquisitíssimas", "uma dificuldade de compromisso e comprometimento". Trata-se, por exemplo, das greves de professores, seja no ensino superior, com "demandas excessivas, extremamente egocêntricas", seja na educação básica, greves justas em termos de salários e carreiras, mas que acarretam, diz ele, "enormes danos nos vulneráveis, que são as crianças e os adolescentes, ainda por cima pobres ou muito pobres" (Fornazieri e Muanis, 2017: 48).[11] Mais do que isso, ele aponta para o artificialismo e a baixa funcionalidade da recente expansão da rede federal de ensino superior público. Essa expansão foi feita às pressas e nela "o professor é contratado com umas oito horas de aula por semana, com regalias e vantagens, mais a ficção de que é um pesquisador" (Fornazieri e Muanis, 2017: 62).[12] Outro aspecto que Janine destaca é a forma como alguns setores da esquerda demonizam a classe média e as iniciativas privadas na educação. Ele cita como exemplo dessa demonização os ataques sistemáticos à Fundação Lemann, que, eventualmente, faz mais para a redução das desigualdades sociais do que certos setores da esquerda que se dizem comprometidos com bandeiras dessa ordem.[13]

As críticas de Janine não param por aí. Ele lembra o excesso de corporativismo, as dificuldades da discussão sobre a gratuidade do ensino e a responsabilidade social, a relação entre cotas e mérito, a necessidade de apoio à diversidade de *players* na educação e faz um discreto elogio ao ensino técnico. Eu destaco esse ponto porque predomina na esquerda uma oposição ao ensino técnico, sob o argumento que se trata de uma capitulação da educação à mera formação de mão de obra para o capitalismo. Janine lembra um fato trivial e realista: para a maior parte das pessoas, o ensino médio é simplesmente a etapa final de sua formação escolar e não há nada de errado na oferta pública de um robusto ensino médio profissionalizante e terminal, na forma de um produto que terá uma funcionalidade profissional na vida de pessoas que realisticamente não chegarão ao ensino superior.

Janine falou de forma lacônica sobre o ensino de humanidades e de Filosofia: "[...] *claro que o ensino de Humanas não pode ser ideológico*" (Fornazieri e Muanis, 2017: 55, grifo nosso). Esse ponto está ligado à discussão sobre o Escola sem Partido, pois as aulas de disciplinas como História, Filosofia e Sociologia por vezes são citadas como ocasiões de doutrinamento na escola. Janine, na entrevista, não aborda o tema para além dessa frase. No que diz respeito ao ensino de Filosofia, ele apenas sugere a alocação de conteúdos em séries:

> Em Filosofia, eu colocaria um ano de Ética, um ano de Política, isto é, política democrática: democracia antiga e moderna, fazendo uma ponte com a Ciência Política, entendendo, pelo menos, além do básico (democracia direta e representativa, direitos humanos), presidencialismo e parlamentarismo, voto distrital e voto proporcional. O terceiro ano poderia ser de História da Filosofia, Estética, ou Teoria do Conhecimento. (Fornazieri e Muanis, 2017: 54)

O que chama a atenção nessas sugestões curriculares de Janine é a insistência com os conteúdos de *filosofia política democrática*. Nessas poucas linhas, a palavra democracia é repetida três vezes. Essa passagem me faz lembrar o brutal contraste que há na obra inicial de Paulo Freire sobre o tema da democracia. Em seu primeiro livro, *Educação e atualidade brasileira*, ele faz uma clara defesa da democracia, pois a expressão é usada 270 vezes em sentido positivo. Em *Educação como prática de liberdade*, de 1965, ela ocorre aproximadamente 100 vezes, também com sentido positivo. Na *Pedagogia do oprimido*, a palavra "democracia" *ocorre uma única vez*, em sentido negativo. Muitos anos depois, em livros como *Pedagogia da esperança*, a expressão retorna de forma discreta.[14]

Os manuais de Filosofia e a democracia

Ao me deparar com a insistência de Janine nesse tema, ocorreu-me verificar como a questão da democracia é tratada nos manuais de ensino de Filosofia que usamos no ensino médio. Haveria neles enviesamento conceitual nesse tema? Fiz uma análise de quatro deles para verificar o tratamento desse tema específico, *a valorização da democracia*. Selecionei dois livros muito usados e dois outros que entraram no mercado recentemente para ver se houve alguma alteração importante, já que os mais usados foram concebidos no século passado. A escolha do tema – a forma como tratamos da democracia – não foi inspirada apenas pelo texto de Janine ou pela atitude ambígua de Paulo Freire em relação a ele. Há uma outra razão, o fato sabido de que, no contexto das esquerdas, a democracia representativa nunca foi muito valorizada.

Como se sai a *democracia* em nossos manuais? No primeiro deles, um dos mais usados, há um tratamento relativamente generoso do tema. Predomina o tom de elogio às formas de democracia direta e boa parte do texto destina-se a discutir temas como liberalismo e socialismo, neoliberalismo, marxismo-leninismo, social-democracia, teoria crítica da sociedade, eurocomunismo, a crise do socialismo real, o fim da utopia socialista. Os itens são caros à tradição da esquerda e soam distante dos tópicos sugeridos por Janine Ribeiro, passando ao largo da valorização do debate sobre a democracia representativa. No outro manual, também em circulação faz duas décadas, o tema da democracia aparece no final, e discute "a democracia como ideologia". Temos ali as seguintes exposições: "A sociedade democrática" (sobre direitos), "a criação de direitos", os "obstáculos à democracia" (entre eles estão a "divisão internacional do trabalho e da exploração", a "divisão social do trabalho") e as "dificuldades para a democracia no Brasil" (a principal dificuldade é o "autoritarismo social"). A conclusão geral do capítulo é que "*a democracia, no Brasil, ainda está por ser inventada*". O pouco que temos parece não ter muita importância, pode pensar o leitor do manual.

Um outro manual, dos mais recentes, aborda o tema do interesse e da participação política e traz um texto de Tocqueville. Um segundo item fala da política como serviço ao bem comum e traz um texto de Platão, das *Leis*. O terceiro item trata da política como um fim em si mesmo e traz um texto de Maquiavel. O quarto aborda o poder e o Estado, e trata de Hobbes, com um texto dele. O quinto item aborda o tema "cidadania e democracia", em um texto pequeno, falando em Althusser, Marcuse e Foucault. A metade desse texto é usada para elogiar formas de democracia direta. A democracia representativa é praticamente esquecida, para não falar dos outros temas lembrados por Janine. O quarto livro que examinei, de safra nova, simplesmente não tem um capítulo de filosofia política. Há apenas um subcapítulo sobre o tema "ordem e caos", que trata de Aristóteles e Hobbes. Eu me inclino a pensar que nesses manuais, que julgo ter alguma representatividade, há, sim, escolhas e opções temáticas representativas da atmosfera de esquerda, materializados, seja *negativamente* pela ausência ou pouca abordagem de temas não muito caros a ela, a democracia representativa, seja pela *presença* de temas caros a ela, a democracia como uma ideologia. Assim, alguns traços típicos da atmosfera cultural de esquerda aparecem nos manuais e podem estar presentes no ensino de Filosofia.

Filosofia e Sociologia foram introduzidas no currículo do ensino médio como disciplinas obrigatórias em 2006 e isso sugere que a pesquisa em didática nessas áreas apenas começa.[15] Somado a isso, há outra questão que não podemos desviar. Não é possível imaginar que uma ética profissional docente seja inteiramente alheia a variáveis como a faixa etária de atuação do professor e a área de conhecimento envolvido. No varejo do ensino, não podemos pensar a conduta ética na sala de aula desconhecendo as conexões relevantes dela com os nossos conhecimentos e habilidades didáticas. Isso é tanto mais verdadeiro quanto mais o currículo escolar se aproxima do mundo da vida de uma criança ou de um adolescente. A ética profissional e a didática devem andar juntas.[16]

No caso da Filosofia, estamos no início de uma jornada de aprendizado didático. Há muito por fazer, em especial, a identificação de consensos mínimos sobre conteúdos e formas de trabalho. Precisamos apostar menos na criatividade solitária e mais em formas cooperativas de planejamento curricular e didático, menos em descontruir o conhecimento e mais em compreender suas variedades e complexidades, menos em pensar as humanidades como a vanguarda do pensamento e da política e mais como instrumentos de atenção e cuidado com nossas formas de argumentação. Hannah Arendt percebeu claramente que o fim da tradição política que começou com Platão e terminou com Marx trouxe também o fim das teorias das vanguardas, mas a agonia prolonga-se.[17] É ainda possível, para nós, *que mal somos modernos*, pensar as humanidades como uma vanguarda de pensamento que possui uma visão privilegiada sobre o futuro da história e da política, sobre as formas de desenvolvimento da sociedade?[18]

NOTAS

[1] A expressão é de Hans Gumbrecht. O exemplo de "pensamento de risco" que ele dá é uma pergunta feita pelo filósofo francês Jacques Derrida em um evento acadêmico. Derrida perguntou se Martin Heidegger poderia ter sido um filósofo tão importante sem ter estado próximo da ideologia nacional-socialista. Uma pergunta equivalente, no Brasil, seria esta: Paulo Freire teria sido tão importante se não tivesse aderido ao mesmo tempo ao marxismo maoísta e ao cristianismo? A pergunta de Derrida foi lembrada por Gumbrecht como um exemplo daquelas coisas que podem ser discutidas no ambiente acadêmico, mas não em uma aula no ensino médio. Ver em Gumbrecht (2010: 157 ss.). Outros casos de memórias constrangedoras envolvem, por exemplo, Paul de Man e Hans Robert Jauss, que encobriu durante muito tempo um passado nazista.

[2] Paulo Freire, *Educação como prática de liberdade*.

[3] Esse foi o rótulo que Freire escolheu para definir sua posição política na *Pedagogia do oprimido*.

[4] Que tipo de unidade há nos escritos de Paulo Freire? Os estudiosos do tema parecem não concordar entre si. Vanilda Paiva e Celso de Rui Beisigel identificam três momentos na evolução de suas ideias: um momento diretivo (no texto de 1959), um momento de combinação contraditória entre posições diretivas e não diretivas (na primeira metade dos anos 1960) e finalmente o reforço dos aspectos não diretivos de sua pedagogia a partir de 1965. Ver Beisigel (2008: 217) e Paiva (1980: 138ss). Já Anita Freire afirma que "nunca houve nela [na obra de Paulo Freire] rupturas e/ou mudanças de orientação de qualquer natureza. Sua obra mantém uma coerência tal, dos primeiros aos últimos escritos, que a totalidade garante a unidade que a caracteriza." Essa declaração está disponível em http://www.blogdaeditorarecord.com.br/2017/05/02/20-anos-sem-paulo-freire/, acesso em 29 de agosto de 2018. Como comentarei mais adiante, não apenas há a ruptura indicada acima, bem como outra, caracterizada pela adesão ao campo marxista-maoísta, e o suave abandono desse vocabulário no retorno ao Brasil.

[5] O texto faz parte de um manifesto distribuído nas escolas de Pádua, na Itália, às vésperas dos exames, pelo movimento Autonomia Operária. (Ver Machado, 1979: 9).

[6] Apresentei alguns aspectos do maoísmo na *Pedagogia do Oprimido* em Rocha (2017). Em nenhum momento de *Ação Cultural pela Liberdade*, Paulo Freire nomeia Mao, diferentemente do que faz na *Pedagogia*, onde cita várias passagens do camarada. O maoísmo em *Ação cultural* é evidenciado no insistente uso do conceito de "revolução cultural", expressão que ocorre nas páginas 54, 55, 80 ss, 85, 93, 111, 125, 178.

[7] Uma indicação do interesse despertado no Brasil pela Revolução Chinesa é a publicação do livro *A longa marcha*, de Simone de Beauvoir, em 1963. O livro é francamente simpático ao regime de Mao.

[8] Guevara e Castro são citados com aprovação, especialmente no último capítulo da *Pedagogia do oprimido*. Em *Ação cultural*, Freire elogia apenas Guevara. Mao e a "revolução cultural" desaparecem de seus textos após 1975.

[9] No capítulo escrito por Tarso Genro, "Notícias de uma crise", lemos que "países como a Suíça, Suécia, Dinamarca e Noruega, e mesmo a Inglaterra no pós-guerra, obtiveram formidáveis avanços de natureza socialista 'por dentro' das instituições liberal-democráticas, mesmo mantido o regime do capital" (2017: 67).

[10] Afirmação de Aldo Fornazieri, no capítulo intitulado "Esquerda: uma crise de pressupostos", p. 249.

[11] "As greves das federais ocorriam por demandas excessivas, extremamente egocêntricas. O descompromisso com o país e com a sociedade é espantoso." Um pouco antes dessa passagem, Janine conta que houve uma greve das universidades federais durante sua gestão como ministro na qual o principal sindicato "pleiteava que 75% do orçamento federal de educação fosse para as instituições de ensino superior federal. [...] Tal pleito implicava cortar radicalmente o que se destina à educação básica, que deveria ser a prioridade ética, política e humana do país" (2017: 48 ss).

[12] Ele se refere às medidas de expansão da rede federal de universidades no governo Lula.

[13] "A esquerda está aprisionada por uma questão ideológica: comprou a ideia de que tudo tem que ser gratuito, quer dizer, pago pelo Estado. Repudia a contribuição de institutos privados, sem fins lucrativos, que procuram melhorar o ensino. [...] Há algo insano, muito estranho na esquerda: uma autodestruição gigantesca" (Fornazieri e Muanis, 2017: 50).

[14] O tema da democracia é uma obsessão no primeiro escrito de Paulo Freire, de 1959. O tópico surge sob a forma de uma antinomia: tendemos cada vez mais para a democracia, mas não estamos educacionalmente preparados para ela. Assim, o grande problema brasileiro consiste em preparar-nos para ela. O que se chama de "conscientização", nesse primeiro momento, é o conjunto de esforços nessa direção, *sem marxismo no meio*, ao menos nas propostas dos grandes isebianos, como Álvaro Vieira Pinto, Guerreiro Ramos e, mais modestamente, Paulo Freire. O grande ideólogo era Vieira Pinto, que pedia aos intelectuais brasileiros que desenvolvessem novas formas de educação das massas. Em um texto de 1959, muito comentado por Paulo Freire, Vieira Pinto diz que "torna-se indispensável criar um novo conceito de educação como parte daquele projeto [de desenvolvimento nacional]" e que "uma teoria da educação deverá surgir". Paulo Freire fez isso, mas acrescentou ingredientes que não estavam na receita original de seu inspirador.

[15] Analisei a situação especial dessas disciplinas em Rocha (2008).

[16] Sobre esse ponto veja Rocha (2008) em especial, o capítulo 7.

[17] Sobre a questão do fim das vanguardas, há uma grande literatura. Aqui eu remeto apenas para as "tomadas de consciência" mais recentes, como a de Boaventura de Sousa Santos: "O fim da teoria da vanguarda marca o fim de toda a organização política que se baseava nela, nomeadamente o partido de vanguarda. Hoje, os partidos moldados pela ideia da teoria da vanguarda não são nem de vanguarda nem de retaguarda." (Santos, 2016: 79).

[18] É possível ver a *Pedagogia do oprimido*, de Paulo Freire, como um dos capítulos da versão tropical da agonia das vanguardas. Afinal, o livro todo é tensionado pelo balanço que ele faz entre a "atitude sectária" das vanguardas esquerdistas e a necessidade de um "que fazer" leninista que não atropele o povo. Isso é, evidentemente, um ferro de madeira, mas faz sentido como um canto de agonia.

LOBOS, CORDEIROS, E OUTROS BICHOS

O que nos resta, eu acho, são apenas os nomes e as coisas que nomeamos, e os uniceitos que a idiossincrasias das pessoas usam para essas coisas, que são alimentados com informações por rastreadores também idiossincráticos.

Ruth Millikan

"Que tipo de pessoas queremos formar?"

Helen Keller perdeu a visão e a audição antes dos 2 anos de idade. A partir dos 7 anos, com a ajuda de sua professora, a Sra. Sullivan, aprendeu a ler, escrever e contar. Hellen aprendeu muito mais, pois publicou livros, foi censurada por Hitler, deu conferências e inspirou muita gente. A forma de Hellen Keller saber as coisas era um pouco diferente da nossa. Ela sabia o que era uma baleia mesmo que não visse uma. Ela sabia o que era a água, mas podia apenas tocá-la. Alguém que ouve pela primeira vez a história de Helen Keller pode se perguntar: se ela não podia nem ver e ouvir, se lhe restavam apenas o tato e o olfato, como podia ter o *conceito* de baleia ou água? O conhecimento dela sobre baleias e água seria muito diferente do nosso, que podemos ver essas coisas? Em que medida nosso conceito de baleia depende de ver alguma? Eu lembrei a história de Helen Keller porque costumamos pensar que para saber uma coisa é preciso ter o conceito dela. E de que precisamos para ter o conceito de algo? Ver a coisa ou seu retrato? Tocar ou cheirar a coisa?

Pense nisso: para saciar a sede, você precisa do conceito de água? Para matar a fome com carne de baleia você precisa saber se baleia é peixe? Eu lembrei a história de Helen Keller e esse tema dos conceitos porque a gente tem por garantidas coisas que nem sempre são muito claras. Não é preciso ter uma definição de "água" para matar a sede. E o que se passa com os conceitos de "educação" e de "escola"? Precisamos de conceitos para que nossos filhos tenham uma vida que possam chamar de suas? Podemos não tê-los? E como chegamos a eles, se somos cegos e surdos? O que é mesmo que pensamos sobre a escola e a educação?

E não foi assim que uma geração de educadores foi questionada? No apogeu das teorias pedagógicas progressistas, qualquer projeto curricular era paralisado com a pergunta que sempre caía como um raio nas reuniões: *"Que tipo de pessoa queremos formar?"* Qualquer projeto pedagógico era congelado com essa pergunta. Antes de qualquer outra decisão, era preciso definir a resposta, que, obrigatoriamente, precisava ser alinhavada com palavras como consciência crítica, autonomia, liberdade. Eu escrevi de propósito "palavras", porque com o passar do tempo, compreendemos que, no geral, era mais ou menos isto: um certo jogo de palavras, pois ninguém tinha os conceitos correspondentes. Aqueles que diziam conhecer as verdades tinham apenas areia nas mãos, a vaga ideia de um "homem novo", as promessas de paraíso, os desejos de futuro, e faziam a pequena chantagem: "se você não sabe que tipo de ser humano queremos formar, como pode querer ser um educador"? Era difícil perceber que se tratava de uma falácia. Se você não sabe o conceito de cavalo, como pode montar um? Estávamos saindo do século XX e ainda éramos vítimas da falácia das definições conceituais.

Estamos no século XXI e ainda nos chantageamos com falácias semelhantes, usando essas expressões, "família", "educação", "escola", "política", como se descrevessem coisas bem conhecidas, como as baleias. Ainda nos emparedamos com palavras, e algo que a gente pensava que podia fazer, como educar e escolarizar, foi ficando distante, teórico, aparentemente difícil, foi ficando ou excessivamente politizado, ou excessivamente divertido, ou excessivamente mercantilizado, ou excessivamente teórico ou tecnológico. Fomos perdendo o senso comum sobre a tarefa mais antiga do mundo: entregar o mundo para uma nova geração da melhor forma que podemos. Confiamos demais nas teorias e nos conceitos, pensamos que sabíamos o que essas coisas eram e que havia gente que sabia o que era "educação" e o que era "política". Quando alguém falou mais alto e disse que a educação era um ato político, foi como a história da roupa do rei. Ele estava nu, mas era o rei quem falava e o defeito deveria estar no olhar da gente. E foi assim que o suspiro da baleia passou a ser a baleia.

A história de Helen Keller nos lembra que há muitas maneiras de saber o que são essas coisas, baleias, águas, escolas, família, educação e política. Nenhuma delas é exaustiva, todas elas, em algum sentido, nos permitem chegar a essas coisas *de algum modo* e não chegamos a nenhuma delas *sem algum modo* de chegar. Não há um conceito de escola ou política sem o qual você não possa conversar sobre o assunto, referir-se ao assunto. Alguns são mais ricos porque trazem consigo mais trabalho, mais experiência, mas todos são artefatos humanos, fachos de luz, velas que acendemos para iluminar o caminho. Não há *um* conceito de educação, de escola, de política, de família que você possa esfregar na cara de alguém para encerrar o assunto. Mas eram um pouco assim as conversas na esquerda, faz 40 ou 50 anos. Hoje, são um pouco assim as conversas na direita.

"A educação é um ato político", "o professor não pode ser neutro". Para que essas frases provocassem os efeitos visados, era fundamental que fossem deixadas assim mesmo, em contextos vagos, pois somente assim elas podiam cumprir a função de guarda-chuvas das boas intenções. Com o tempo, elas se revelaram ambíguas e favoreceram casos que não podem ser chamados de outra forma a não ser de irresponsabilidade profissional e intelectual.

O que é uma escola, o que é a educação? O que sabemos bem é que, como mostram os indicadores que medem nossos resultados em aprendizagem escolar, as coisas não vão bem na prática. E nesses conceitos? Não parece evidente que eles estão precisando de manutenção e cautela no modo de uso? Essa palavra, "escola", ilumina o quê?

Lobos, cordeiros e razões

Na nossa infância, há um lobo que acusa um cordeirinho de sujar a água que ele bebe. O cordeirinho está mais abaixo, no arroio, e responde que isso não é razoável, que na verdade é um absurdo, porque contraria certos fatos muito gerais da natureza que ninguém coloca em dúvida. O lobo não se dá por vencido e retruca que, se não foi o cordeirinho, foi a mãe dele, no ano passado. O cordeirinho responde ao lobo bobo que isso é outro daqueles grandes absurdos que se ouvem por aí e que contrariam certos fatos da história que ninguém coloca em dúvida, pois é de conhecimento comum que no ano passado ele sequer tinha nascido e um cordeirinho não pode responder pelos atos de sua mãe.

Na nossa infância, os lobos sempre estão com fome, e há um momento da história no qual eles simplesmente param de conversar. A gente acha uma certa graça nessa história, mas é uma graça estranha, porque as coisas não terminam bem para o cordeirinho, que é o mais esperto na conversa. Há um momento na vida no qual, além de falar sobre as coisas razoáveis que aprendemos sobre o funcionamento do mundo, começamos a falar sobre agir bem e agir mal, sobre as formas de relacionamento trágico entre a força bruta e a argumentação humana. Desde muito cedo, a gente nunca aprende só uma coisa quando entende uma coisa bem. Junto com ela sempre vem outra.

Meu pai tinha um ditado que ele usava naquelas situações em que, segundo o julgamento dele, eu havia feito uma coisa mais ou menos errada; quem sabe pegar dois pedaços de bolo ao invés de um. Afinal, éramos cinco irmãos e um só um bolo. Se eu dissesse que estava com muita fome e que meu outro irmão tinha dito que não gostava de bolo de laranja, a resposta dele era que isso *explicava* o que eu tinha feito, mas era uma *justificativa* que ele não aceitava. "Explica, mas não justifica", ele dizia. Eu me sentia repreendido como guloso, e por mais misteriosa que pudesse parecer a distinção, eu a compreendia. Se um irmão maior batia no menor porque este havia estragado seu brinquedo, a raiva sentida explicava a reação, mas não era aceita como justificativa; ali ninguém era lobo ou cordeiro. Para isso serviam as fábulas. A gente nunca aprende uma coisa de cada vez, pois, por menor que seja o aprendizado, sempre pode vir junto a alegria de ter conquistado uma habilidade a mais. Entre elas, a de aprender a separar certas coisas, como ter *motivos* para fazer algo ou para pensar algo, e ter *razões* para isso.

Vale a pena esclarecer isso um pouco mais. Se fui mordido por um cachorro quando era criança, posso ter bons motivos para ter medo deles. Se nasci e fui criado em uma família católica, posso ter bons motivos para minha crença em Deus. Nesses dois casos, estou fazendo uma distinção entre dois aspectos: no primeiro, há um evento histórico, a mordida que sofri de um cachorro muito grande. Ligado a esse evento surgiu o medo de cachorros que passei a ter desde aquele dia, que me faz ter medo até mesmo dos menores deles. No segundo caso, o fato é a circunstância histórica de nascer em uma família católica, que ia à missa aos domingos e que lia a Bíblia ocasionalmente. Assim, minha crença na existência em Deus, em certo sentido, foi *causada* em mim, foi algo que comecei a ter com naturalidade, na medida em que eu ia crescendo junto à minha família. Eventualmente, aconteceu que um dia eu tive uma perda terrível, que fez com que a minha vida como um todo ficasse com seu sentido abalado, e desde então comecei a duvidar da existência de um Deus. Perceba que, nesse caso, há uma dinâmica de natureza psicológica, semelhante àquela que me faz transferir o medo de cachorros grandes para os minúsculos chihuahuas.

Explicando de outra forma: quando analisamos nossas crenças ou nossas ações, podemos nos perguntar alternativamente pelas *causas*, pelos *motivos* ou pelas *razões* delas. Digamos, no primeiro caso, das *causas*, que você acredita que melancia com uva faz mal, que Deus existe, que os cachorros pretos são perigosos. Essas crenças podem estar ligadas a antecedentes sobre o quais você não teve nenhum controle. Ninguém está livre de ser mordido por um cachorro, ninguém escolhe a família onde nasce e algumas pessoas de quem a gente gosta dizem as coisas mais incríveis sobre uvas, melancias e dor de barriga. Nossas crenças e ações podem ser vistas sob o aspecto de suas origens em nossas vidas.[1] Nesse caso, levamos em conta a nossa biografia, as circunstâncias de vida, os fatos sociais, culturais e psicológicos relevantes. Eu não posso mudar o fato de ter sido mordido por um cachorro e o de ter nascido na família em que nasci. Nesse aspecto causal, estamos falando de um nível de vida que tem um componente infrapessoal. No segundo caso, dos *motivos*, nossas crenças e ações já admitem *algum* controle, pois a motivação é uma dinâmica de tipo psicológico, pessoal. Aqui podemos dizer que quando temos uma crença ou fazemos algo, há uma certa funcionalidade nisso.[2]

Estou fazendo uma distinção entre duas dimensões de nossas crenças e ações: a dimensão *histórica*, que diz respeito à gênese de nossas crenças, e a dimensão *psicológica*, que diz respeito ao modo como essa crença, se integra na nossa dinâmica mental. Lembro aqui a naturalidade com que dizemos que alguém acredita ou faz alguma coisa apenas porque isso lhe convém em certa situação, do contrário não faria isso.[3] A terceira dimensão, como já indiquei acima, é a das *razões* da crença. Nesse caso, o que está em jogo é a *justificação* que a pessoa dá para suas crenças a partir de evidências interpessoais.

Uma justificação, nesse sentido, pode ser comparada a um cálculo que nos permite chegar a um certo resultado. Aqui não entram em consideração fatos da história ou da psicologia da pessoa, mas sim a posição da crença em um sistema de evidências e argumentos de natureza impessoal. Na dimensão racional, não fazemos referência nem à origem e nem às conveniências da crença, senão que a certas operações que a pessoa tem que fazer para poder dizer que chegou até aquela crença de forma impessoal, pública, intersubjetiva, comprovável: operações de inferência, argumentação, exames, verificações, teorias comprovadas.

Nem tudo é crença. Há também conhecimento, isto é, crenças cuja verdade é sustentada de forma intersubjetiva por procedimentos impessoais; crenças que, por assim dizer, passam em testes de admissão e ganham uma certificação que vai além das circunstâncias de sua gênese e de seu valor para uma pessoa ou grupo de pessoas. Por vezes, para abreviar o assunto, essas crenças são chamadas de conhecimentos, ciências, estados da arte.[4]

Por certo, nem tudo é conhecimento. Há o balé e o futebol, por exemplo. E tudo isso cabe na escola.

O escorpião e a rã

A fábula de Esopo sobre o escorpião e a rã pode ser uma metáfora para ilustrar a discussão sobre a educação como um ato político e as exigências de imparcialidade da ciência e da escola. O escorpião queria atravessar o rio e pediu ajuda à rã, que prontamente se recusou. Ela não confiava no escorpião, achava que seria morta por ele durante a travessia. O escorpião, bem versado nas artes do convencimento, argumentou que ele, se fizesse isso, morreria afogado, o que não estava nos seus planos. A conversa foi e veio, a rã deixou que o escorpião subisse em suas costas e começou a nadar. No meio da travessia, ele picou a rã, e ela mal teve tempo de reclamar, cheia de *razões*, que os dois iam morrer. O escorpião, enquanto afundava com a rã, resmungou qualquer coisa como "Fofinha, essa é a minha natureza"!

Imagine agora que a rã seja um símbolo para os *Dispositivos de Racionalidade* que a humanidade criou faz milênios, coisas que incluem os princípios básicos da lógica e da matemática, mas se estendem até as mais complexas regras de observação e experimentação. Conceda-me isso por um minuto, por amor à imaginação, mesmo sabendo que não há sentido em pensar a racionalidade como uma entidade, já que ela é muito mais uma virtude, uma habilidade. Imagine que o escorpião é uma outra entidade, símbolo dos *Dispositivos de Controle da Racionalidade*, que incluem coisas como o Relativismo. Esse segundo personagem tem muitos nomes de guerra e, por vezes, veste roupas muito peculiares, como as da Sociologia do Conhecimento, do Ceticismo Radical, do Pós-pós-modernismo e por aí vai. O Relativismo tem um belo ferrão e pede carona à Racionalidade para fazer sua viagem. No meio dela, com a picada do Relativismo, os dois afundam etc.

Com essa comparação, quero sugerir que alguém que pede carona coloca-se em uma posição, por assim dizer, parasitária, de subordinação; é a rã quem dá o ritmo da viagem. E assim, por analogia, criamos os dispositivos de *controle* da racionalidade humana porque o nosso imenso e complexo dispositivo de racionalidade precisa de manutenção constante. Dizendo numa frase: o "relativismo" é parasitário da "racionalidade". As *Atitudes de Relativização do Conhecimento* são importantes para nós como instrumentos de análise, como procedimentos de manutenção e sobrevivência da racionalidade, que permitem a desmontagem e o exame detalhado de alguns problemas e dificuldades dela. Mas não devem afundá-la, pois, nesse caso, ambas morrem.

A escola é nosso portal de entrada para o mundo dos conhecimentos, das letras e das artes de todo tipo e feitio. Para entender melhor algumas características desses conhecimentos, que vou abreviar aqui como "ciências", em sentido amplo, quero fazer uma comparação da ciência com o futebol, pois há alguns aspectos em comum entre essas atividades, por incrível que isso possa parecer à primeira vista.

Meu neto Mathias, hoje com 8 anos, gosta muito de jogar futebol, e sua dedicação ao esporte pode ser dividida em duas fases: na primeira, que começou muito cedo, ele brincava de chutar, pegar, arremessar, correr com a bola. Essa fase incluía jogar sozinho, chutando a bola contra um muro, mas também, quando possível, conseguir companheiros para aumentar um pouco a complexidade da brincadeira, com chutes a gol, dribles, duas equipes. Nessa etapa, o jogo de futebol é mais uma brincadeira, pois as regras são poucas, simples e são aplicadas frouxamente. Essa brincadeira, no entanto, pode ser o diferencial na vida da criança. Ela começa, como se diz, chutando com o bico do tênis. Aos poucos, aprende a chutar de lado, chutar alto, colocado, rasteiro, fraco, médio e forte, longe, em curva. Ela está aprendendo fundamentos. Falta muito, mas isso é bom. Tudo mudou quando Mathias começou a treinar em uma equipe da cidade, em uma quadra oficial, com treinadores, times completos e jogadores com a mesma idade e todo tipo de habilidade. Sob as vistas de um técnico com vivência em futebol infantil, a pouca experiência dele, que não lhe garantia muito espaço no time, não foi impedimento para uma participação que permitia o entusiasmo dele pelo esporte. Como fazem as crianças nessa fase, a primeira reação é correr para onde vai a bola, tentar tomar posse dela e fazer um gol, se possível. Nos primeiros treinos, as crianças parecem formigas famintas, em correição atrás de um pequeno inseto. A ficha do futebol começa a cair quando eles percebem pela primeira vez a importância da visão de jogo, do passe feito na medida, da necessidade de ir para o sacrifício na jogada mais arriscada, do sentido de ser uma equipe. Nesse momento, eles começam a participar de pequenos torneios e entra em jogo o *nome* do time. O ganhar e o perder o jogo assumem uma dimensão que não existe nas brincadeiras e tampouco nos treinos. Nos torneios oficiais, há a distribuição da *camiseta* do time, que deve ser defendida, e eles começam a se dar conta que se trata de um trabalho de equipe, no qual cada um deve cumprir uma função, guardar um lugar, ser responsável por um setor do campo e por certas tarefas. Agora é preciso ter ainda mais claras as regras do jogo, pois o juiz, que eles nunca viram na vida, vai tratar de cumpri-las. Eles vão se revezar durante o jogo e o critério não é exclusivamente de participação igualitária e democrática. De forma muito sutil, o técnico incentiva os menos habilidosos sem prejudicar a participação um pouco maior do craque, sob o consentimento de todos, pois é bom não apenas jogar, mas ganhar o jogo, e quando isso acontece, o vencedor é o time. E, assim, as formigas corredeiras e saltitantes vão aos poucos aprendendo a chegar no outro jogador, a recuar quando é preciso, a ter antecipação de movimentos e jogadas. Um belo dia, elas estão jogando futebol.

O que há de comum entre as atividades científicas e o jogo de futebol? Lembro mais uma vez que estou usando a palavra "ciência" em sentido amplo, para que inclua letras, artes e todo tipo de conteúdo que consideramos legítimo no currículo escolar. Pense, então, na formação desse cientista. Antes de mais nada, ele precisa de um bom treinamento nos fundamentos da coisa: aprender a ler, escrever e contar bem, por exemplo. É preciso desenvolver hábitos de todo tipo: de atenção, foco, observação, concentração, desenvolver curiosidades, autovigilância, e assim por diante. Assim como no futebol, há uma longa fase de aprendizado e fixação de padrões de desempenho e excelência. Ninguém joga futebol sozinho, ninguém faz ciência sozinho nem começa jogando no time principal. Tanto a ciência quanto o futebol são atividades eminentemente cooperativas e seus padrões de realização são estabelecidos socialmente, de forma a assegurar uma coerência no desempenho delas. São atividades complexas, porque o indivíduo que delas participa nada faz fora de uma rica teia de relações, submetidas a muitos tipos de regras. Nem por isso, no entanto, deixa de haver espaço para a imprevisibilidade e a criatividade pessoal.

Para seguir adiante com essa comparação, que tem limitações, por certo, vale a pena perguntar: *para que servem essas atividades?* Para que servem coisas como jogar futebol e fazer ciência? Por que uma criança joga futebol? Por que Arquimedes, o sábio grego, dedicou sua vida a estudar as medidas do círculo, os corpos flutuantes e o equilíbrio dos planos? As anedotas sobre Arquimedes contam que ele não se contentava apenas em tomar banho, mas que, enquanto se lavava, analisava o comportamento da água da banheira. Há quem acredite que a criança joga futebol pensando em ficar rica e famosa como o Neymar e que a ciência de Arquimedes estava a serviço das artes militares. Isso pode fazer parte dessas histórias, mas é uma parte pequena. Se aceitamos os termos dessa pergunta, por que jogamos futebol ou fazemos ciência, salta aos olhos que há uma diferença importante entre objetivos internos e externos. Há coisas, e são as mais importantes do mundo, que fazemos pelo bem delas mesmas.

Podemos agora entrar no tema da moralidade, comparando-a com o que pensamos anteriormente sobre coisas como a racionalidade, a ciência e o futebol.

Como água e futebol

Escola: que tipo de conceito é esse? Se apontamos para o edifício, é isso a escola? São os professores, os alunos e os pais? Seria preciso apontar para o currículo, para os conhecimentos, para as habilidades e competências. E como poderíamos apontar para as leis e os regulamentos que regem a vida escolar? A escola seria uma justaposição dessas coisas? Nesse caso, como ficaria o fato de que elas têm uma história social, política, econômica, antropológica e cultural, e assim por diante? Há, como vimos, quem faça pouco caso da escola, por ser reprodutora das estruturas capitalistas. Há quem tenha desconfiança dela por ser doutrinadora. Neste livro, estou procurando um caminho inspirado em Cecília Meireles e Mário Quintana, *uns e outros passarão, a gente da escola passarinho*. Nessa toada, chego a desconfiar de nossas teorias dos conceitos antes de desconfiar de nossas teorias da escola. Afinal, quem ataca a escola, seja pela esquerda, seja pela direita, faz isso em nome de conceitos.

O que é isso, "conceito"? Seus sinônimos mais comuns são ideia, noção, significado, concepção, opinião, ponto de vista. Os conceitos são, por assim dizer, instrumentos que usamos para organizar a realidade. Os dicionários de Filosofia referem-se aos conceitos como um tipo de representação mental que criamos para fazer referência a classes de coisas. "Cecília Meireles" não é um conceito, mas "poema", sim. "Cecília" é uma expressão que identifica um indivíduo, e "poema" indica uma *classe* de textos, diferente de "romance".

Há muitos tipos de conceitos. Há conceitos que usamos para nos referir aos aspectos da realidade que podemos, em certo sentido, tocar ou apontar com o dedo, os "conceitos empíricos". Há outros que se referem aos aspectos psicológicos da existência humana, como "vergonha" ou "orgulho"; os conceitos da Matemática, por outro lado, são chamados de "formais"; existem ainda conceitos que classificam coisas cuja existência depende de convenções que os homens fazem entre si, como vemos no mundo jurídico e institucional. Pense em "dinheiro", "lei", "casamento". Que tipo de conceito é "escola"? Essa expressão apenas indica uma coisa que já existe antes dela, como a água ou a baleia ou é mais parecida com coisas como o dinheiro?

Em certo sentido, os conceitos são, como se costuma dizer, *abstratos*. Veja o conceito de "fruta": para que a gente aprenda o conceito "fruta" não basta que alguém nos aponte uma laranja. Aprendemos isso quando a nossa cuidadora mostra laranjas, bananas e jabuticabas e, olhando para elas, pronuncia a palavra "frutas"? A criança, que vê na mesa ao lado um punhado de goiabas, poderá pensar que elas não fazem parte do conceito "frutas". *Algum dia terminamos de aprender a usar essa expressão e seu conceito?* Os conceitos psicológicos, que usamos para descrever o imenso mundo de nossas vivências de hábitos, sensações, sentimentos, pensamentos, fazem parte de uma outra imensa região, que tem outro modo de funcionamento e outras formas de aprendizagem. Os normandos, da HQ *Asterix e os normandos*, queriam muito aprender a ter medo. Outros querem aprender a ter menos medo ou a amar de forma mais generosa. Um menino de 8 anos, ao assistir pela primeira vez a um filme no escurinho do cinema, chorou no final e, enxugando os olhos, explicou para seu pai, que assistia ao filme ao lado: "saiu um suor no meu olho". É possível que ele estivesse ali vivenciando pela primeira vez a estranha ideia de que a alegria pode também ser um sofrimento. Quando, um dia, vamos parar de ter que aprender essas coisas? Quando, um dia, alguém descobre que podemos *descobrir* essas coisas? Os conceitos podem ser vistos como instrumentos de classificação de aspectos da realidade, mas há muitas espécies deles que variam de acordo com a região da realidade que queremos organizar.

Pense agora na região dos conceitos institucionais. Como fazemos para aprender o que é o dinheiro, qual é a diferença entre papel e papel, entre plástico e plástico, e por que aquelas máquinas não vomitam dinheiro à vontade para a gente? E o conceito de escola *descreve* uma realidade que existe antes do conceito? Ou, alternativamente, *institui* uma realidade que não existia antes dele? Ou ainda, em uma terceira alternativa, não será o caso que a escola seja, ao mesmo tempo, uma instituição ambígua, *em parte uma realidade que existe antes mesmo de ser conceituada, como a água, e, em parte, algo*

*como o jogo de futebol, cuja existência depende de regras que o consti-
tuem?* A existência da água não depende de nenhuma convenção ou
regra humana, mas isso não é o caso para o futebol. A ideia de escola
parece ser um estranho caso misto de água e futebol, e isso talvez aju-
de a explicar certas confusões que às vezes surgem sobre ela. Explica,
mas não justifica.

NOTAS

[1] Estou usando aqui a expressão "crença" no sentido linguístico mais tradicional: *ter uma crença é considerar uma certa afirmação como verdadeira.* Isso quer dizer que faz parte do sentido tradicional de "ter uma crença" que a gente está disposto a abandoná-la se descobrirmos alguma coisa que mostre que ela é falsa. A conclusão inevitável aqui é que as crenças são sensíveis à verdade, como se fossem plantas sensíveis ao sol. Outra coisa importante aqui é que, quando a gente acredita em algo, normalmente estamos dispostos a agir de acordo com isso. As crenças seriam irrelevantes se não nos importássemos com a relação delas aos fatos. Se eu *acredito* que minha filha está em perigo, tentarei *fazer* algo por ela. Ninguém precisaria ter crenças se não se importasse com a verdade ou falsidade delas.

[2] Sobre esse tema ver, Geach (2013).

[3] Pense, como exemplo para esse caso, nos estudos de Psicologia Social de Leon Festinger, no seu conceito de dissonância cognitiva. A teoria da dissonância cognitiva diz que tendemos a suprimir as evidências desfavoráveis às nossas crenças e decisões. A pessoa que se decidiu por algo se esforçará para suprimir evidências que indiquem que ela não estava tão certa. Em nome da tranquilidade e da consistência cognitiva tendemos a deixar de lado aquilo que compromete o julgamento feito anteriormente. Isso vale para coisas como comprar uma bicicleta e votar para presidente.

[4] De acordo com uma venerável tradição filosófica, é possível fazer uma distinção entre a simples *opinião*, que funciona como uma espécie de aposta cognitiva, a *crença* propriamente dita, quando estamos subjetivamente convencidos da verdade do que pensamos, e o *conhecimento*, quando procuramos ter não apenas o convencimento subjetivo, mas também algum tipo de evidência, prova ou justificativa cuja validade seja objetiva, impessoal, pública.

A CULTURA DA ESCOLA

*Não confie na descrição de uma situação na qual surge um proble-
ma; ele pode ter sido produzido pela própria descrição.*

Stanley Cavell

A ética e a cabecinha do aspargo

Não temos um código de ética profissional que sirva como uma referência para professores e professoras em todos os níveis. O Psicólogo, por exemplo, submete-se a um detalhado código de ética profissional, e o mesmo acontece em outras profissões como Enfermagem, Medicina, Contabilidade, Administração. Não há nada semelhante a isso em nosso caso. Uma dificuldade para a elaboração de um código de ética docente é a grande diferença interna em nosso trabalho, que vai desde a educação infantil até a pós-graduação, abrangendo relações entre adultos e crianças, adultos e adolescentes, adultos e adultos. A proposta de uma ética profissional para todos esses níveis precisa ser muito geral.

A proposta de deveres do Escola sem Partido é apresentada como um código de ética profissional norteador do trabalho de profissionais que lidam com pessoas em fase de "educação moral". Os itens estão redigidos como deveres e compromissos com ações do tipo "não aproveitar-se", "ser justo", "respeitar e proteger direitos". Na medida em que o código privilegia "política" (a palavra é usada quatro vezes no projeto), "ideologia", "partido" e "moral" (ocorrem duas vezes), fica clara a natureza restrita do projeto de lei, tanto do ponto vista do tema quanto da ocasião. Quanto ao *tema*, além do afunilamento na dimensão política e na "educação moral", é preciso lembrar que um código de ética docente deve fazer alguma distinção entre os compromissos docentes com o estudante e os compromissos com a própria profissão. Quanto à *ocasião*, por tudo quanto expus aqui, o movimento apresenta-se como defensivo, invocando como motivação os sentimentos de indignação de muitos pais, mas gera efeitos colaterais na forma do que chamei de *pequeno maoísmo tropical.*

Existem muitas dificuldades e desafios na ética profissional docente. O primeiro deles é teórico: o que pensamos sobre os fundamentos da ética? Podemos fundamentar a ética na religião? Podemos fundamentar a ética em uma teoria da sociedade? Se é verdade, como sustentam muitos filósofos, que não é mais possível e adequado fundamentar a ética na religião, também não é possível escorar nossa moralidade em alguma teoria pretensamente crítica da sociedade. E, se isso é verdadeiro para a nossa vida cotidiana, não é menos verdadeiro para o trabalho docente. O horizonte ético que deve servir de referência para a docência *não* pode ser deduzido de nossas teorias sobre a sociedade, não é um tipo de consequência que tiramos de nossas filosofias e sociologias críticas. Dizendo de outra forma, a dimensão ética do trabalho docente não pode ser substituída por uma descrição da sociedade. Dizendo ainda de outra forma, a ética profissional que deve orientar o trabalho de uma categoria como a dos professores não é como uma cabecinha de aspargo que brota do caule, não surge a partir da eventual constatação de uns tantos fatos sobre essa e aquela formação social, como queriam muitos autores da tradição crítica.[1] Dizendo mais claramente, a crítica social não é e não pode ser a fonte dos valores éticos, pois ela mesma, enquanto *crítica* da sociedade, seja progressista, seja conservadora, sempre é constituída por juízos normativos.

Não é difícil ver as razões pelas quais a discussão de uma ética profissional no campo educacional pode transformar-se num conjunto de afirmações piedosas, circulares e confusas sobre o trabalho docente e a educação. Basta que, para começo da conversa, não se atente para essa primeira confusão, entre uma proposta de normas e deveres e uma descrição de um estado de coisas. As condições de realização de uma e de outra são diferentes. Não podemos, sem mais, passar de *fatos* para *normas*, do *ser* para o *dever-ser*. Os deveres da docência não podem ser tratados como se fossem derivados de um certo estado de coisas da sociedade afirmado ou subscrito pelo próprio educador. Assim, o mesmo teórico que faz uma descrição dos padecimentos da sociedade – seja ela apresentada como *oprimida* (em uma certa tradição à esquerda) ou *desnaturada* (em uma certa tradição à direita) – oferece o remédio na forma de um conjunto de prescrições sobre como deve ser feita a correção do rumo na nave social. Insisto que não importa aqui a cor da bandeira política, pois a estrutura do procedimento é o mesmo, à esquerda e à direita.[2]

Alguns argumentos usados pelo Escola sem Partido são equivocados, como procuro mostrar nesta parte do livro, mas isso não quer dizer que os simpatizantes do movimento não tenham bons *motivos* para pensar o que pensam e fazer o que fazem. Todos nós aprendemos muito cedo que a vida não é feita apenas de *razões*, pois muitas crenças e ações têm na sua base *motivos e causas*. Meu argumento, neste livro, é que o Escola sem Partido pode ser visto como parte de um conjunto de atitudes conservadoras que nunca desapareceram da cena política e cultural brasileira. É possível que os conservadores tenham tido pouca presença, mas não deixaram de existir, em especial a partir dos anos 1960, como procurei mostrar anteriormente. Quando consideramos o cenário mais específico da formação de professores, há uma ligeira diferença na medida em que os anos 1970 varreram dos currículos as referências conservadoras, em um pacote que incluiu a Escola Nova, os estudos de caso e evidências empíricas, os objetivos operacionais, as pesquisas de aprendizagem e tudo o que se assemelhasse a tecnicismo. Essa assimetria me leva a pensar que uma discussão realista do Escola sem Partido deve admitir que há situações que podem ser vistas como antecedentes razoáveis do movimento. Na gênese das bandeiras do movimento e nos casos relatados, há generalizações apressadas, mas nem tudo é alucinação.

Tanto quanto sei, não há estudos de caso feitos com metodologias academicamente reconhecidas sobre a "ideologia nas escolas". Assim, os indicadores desses aspectos costumam ser indiretos, baseados, por exemplo, na análise de livros didáticos. Eu conheço razoavelmente bem os livros da área de Filosofia e vejo neles algum enviesamento em certos temas cruciais, como a falta de argumentos favoráveis à democracia representativa, comparativamente às críticas a ela e à defesa de formas diretas de democracia. Fernando Schuler analisou dez livros da área de Sociologia e História e conta que em todos eles encontrou um "claro viés ideológico", entendendo-se por isso, por exemplo, a demonização do capitalismo, de todas as versões do liberalismo de Fernando Henrique Cardoso; nos livros, há também condescendência em relação ao regime cubano, em contraste com as críticas às demais ditaduras na América Latina, e insinuações de que tudo, enfim, é ideologia e a imparcialidade é uma conversa fiada.[3] É nesse tipo de contexto que surgem as demandas de discussão de uma ética profissional docente.

Autoridade, poder e força

É importante distinguir "autoridade", "poder" e "força", especialmente se queremos compreender melhor o que chamamos de "autoridade do professor". O uso dessas palavras como sinônimas umas das outras cria um nivelamento por baixo que apaga as principais características do trabalho docente. Contra isso, vou sugerir um modelo hierárquico para as relações entre esses três conceitos: o nível básico é o da força, o nível intermediário é do poder, e o nível superior é o da autoridade. A relação entre os níveis não é de mera justaposição; de um lado, um nível superior não existe sem o nível anterior, mas a ocorrência de um nível superior muda significativamente o modo de funcionamento do nível anterior. Na falta de uma melhor expressão, vou chamar esse modelo de *hierarquia em espiral* para indicar esse modo de relacionamento entre as camadas: o surgimento de um nível superior e radicalmente diferente do anterior somente é possível a partir da fixação e ultrapassagem do nível anterior com a preservação desse; há um movimento de descida e de retorno que faz com que as capacidades do nível superior somente existam porque há um nível anterior que as sustenta e que permite o impulso para o surgimento de um novo nível.

Vou começar dando exemplos isolados de cada nível. O mais simples de todos é o das *relações de força*. Uma relação de força ocorre por simples causalidade da natureza: a água corre para baixo, o fogo tende a subir e os magnetos atraem o ferro. As relações de força são, digamos, regularidades da natureza que não dependem de decisões ou vontades. Que as *relações de poder* representem um patamar superior ao das relações de força é algo sugerido pela própria expressão: poder indica uma possibilidade, uma virtualidade, uma capacidade de algo vir a ser. A bolota de carvalho pode vir a ser uma árvore, mas isso não funciona do mesmo jeito que a força da gravidade. Por fim, a *autoridade* é um nível de relação superior aos anteriores pela simples razão que essa expressão é reservada para as relações que acontecem entre criaturas dotadas de linguagem. Até aqui, eu procurei descrever a especificidade de cada nível. O nível superior supõe a existência do nível inferior. Para que a bolota de carvalho germine e transforme-se em uma árvore, é preciso que os aspectos relevantes do nível anterior estejam presentes: que a água caia no solo e evapore-se no ritmo adequado, por exemplo. Sem as constâncias do nível anterior, sem a continuidade *das forças da natureza*, as virtualidades da bolota de carvalho não virão à luz.

Tudo isso se complica quando aplicamos essas noções à vida humana, mas é aqui que surge a importância desse modelo hierárquico em espiral. Para não fazer mais segredo e tentar facilitar de vez a vida do leitor, o modelo de relações entre autoridade, poder e força que estou sugerindo nada mais é do que uma analogia com as antigas teorias dos filósofos gregos sobre as características da alma humana. Aristóteles, por exemplo, sugeriu que a alma humana é composta de três níveis. O nível inferior é o da *alma nutritiva ou vegetativa*; a alma intermediária é a *sensitiva*; e alma superior é a *racional*. No modelo de Aristóteles, o nível inferior é uma condição necessária para o nível intermediário, e estes dois são condições necessárias para o nível racional. O ponto dele e da maioria dos filósofos que adotaram esse modelo é que as relações entre esses níveis não são de simples acréscimo ou acumulação. O nível mais alto modifica a forma de funcionamento do nível anterior, e, assim, nenhum nível pode ser explicado apenas nos seus próprios termos. Dizendo de forma mais clara: no ser humano, nem a dimensão nutritiva, nem a dimensão sensitiva escapam das influências da alma racional.

Quais são as consequências desse modelo para as relações entre autoridade, poder e força? Veja como fica a aplicação desse modelo em uma sala de aula. Um dos pânicos profissionais de qualquer estagiário que estreia na docência é o da perda do "controle da classe". A situação típica de perda de controle de classe é aquela na qual a professora, depois de entrar na sala onde estão as crianças, conversando animadamente entre si, aguarda uns momentos, arruma seus materiais, dá algum tempo e depois disso faz sinais para que elas parem de conversar. A conversa segue animada. Ela agora começa

A perda de controle da classe é diferente. O professor pede silêncio, a turma ignora, segue conversando, não dá bola, exceto uns poucos na frente. O professor, intimidado, decide dedicar-se a esse pequeno grupo e ignora aqueles que o ignoram. Se as conversas no fundo atrapalharem muito o trabalho da frente, o professor enfrenta o olhar desses poucos que colaboram com ele, que parecem lhe perguntar se ele vai deixar as coisas assim mesmo, se ele vai tolerar que a turminha do fundo faça o que quiser, inclusive prejudicar os poucos interessados. Fica evidente que a autoridade do professor está questionada. Ele precisa descer para o patamar inferior, o do poder. Ele decide mandar para fora os dois ou três conversadores, que passem na coordenação da escola para conversar. Agora, vamos imaginar o pior. Os bagunceiros finalmente se dirigem ao professor e dizem que não, *não vão sair da sala*. Chegamos ao nível da *força*.

---

a falar, pede silêncio, ao mesmo tempo que agita as duas mãos, de cima para baixo. A conversa segue animada. Agora, ela aumenta a voz e o tom muda. A conversa diminui e para. Suponha que as coisas sigam assim e todos tenham uma feliz tarde de aprendizagens, na qual as vozes seguem a ordem da sucessão e não da simultaneidade. Nesse caso, temos um exercício normal da autoridade do professor, baseado na sua voz.

A perda de controle da classe é diferente. O professor pede silêncio, a turma ignora, segue conversando, não dá bola, exceto uns poucos na frente. O professor, intimidado, decide dedicar-se a esse pequeno grupo e ignora aqueles que o ignoram. Se as conversas no fundo atrapalharem muito o trabalho da frente, o professor enfrenta o olhar desses poucos que colaboram com ele, que parecem lhe perguntar se ele vai deixar as coisas assim mesmo, se ele vai tolerar que a turminha do fundo faça o que quiser, inclusive prejudicar os poucos interessados. Fica evidente que a autoridade do professor está questionada. Ele precisa descer para o patamar inferior, o do poder. Ele decide mandar para fora os dois ou três conversadores, que passem na coordenação da escola para conversar. Agora, vamos imaginar o pior. Os bagunceiros finalmente se dirigem ao professor e dizem que não, *não vão sair da sala*. Chegamos ao nível da *força*.

O que chamamos de "controle da classe", na sua forma ideal, é o exercício da autoridade sem que haja necessidade de trazer à tona aquilo que esquenta as costas da autoridade, a saber, o *poder*. Esse deve ser exercido, preferencialmente, sem que a *força* tenha que intervir. Não muito antigamente, havia um dito que traduzia isso e que tinha aplicação em muitas escolas: *por trás da voz está a vara*. Por mais rude que pareça o ditado, ele expressa uma sabedoria muito antiga sobre o exercício da autoridade e do poder: por trás do pacto, está a espada.

Com essas observações, eu quero dizer que essa expressão, "autoridade", indica o conjunto de relações humanas nas quais nossos comportamentos estão baseados na *voz*, como meio físico relevante para a relação, e em relações de *confiança*, como o substrato ético da relação humana. A autoridade, assim entendida, goza de uma autonomia relativa, pois é evidente que ela surge do poder, mas não se reduz a ele nem pode ser explicada apenas nos termos desse, que por sua vez não tem sua existência assegurada apenas pela força bruta. O poder está sempre suposto no exercício da autoridade, mas esta não pode ser reduzida àquele. É evidente que há muitas formas de poder e por vezes esse se confunde com a força. Basta pensar nos mecanismos da publicidade, da propaganda, das ameaças. Quando pensamos na vida política, por exemplo, fica evidente que o exercício da autoridade de nossos governantes no final das contas pode ser traduzido na pergunta sobre a*té quanto e quando escutamos e confiamos nas vozes deles*. Sabemos que por trás da voz está a vara, mas sabemos também que as varas não podem ter vontade própria. Quando se diz que o exercício do poder requer muitas habilidades, estamos, sem querer, repercutindo a sabedoria de Aristóteles. O exercício do poder exige alguma forma de autorização. O dito de Hobbes, que o pacto sem espada é uma conversa fiada, é uma outra forma de reconhecer essa interdependência. Temos agora uma moldura para pensar sobre as mudanças nas relações de autoridade na escola que farão brotar de seu próprio chão forças e poderes contra a autoridade. Mais adiante, indicarei alguns aspectos que me parecem ligados à crise de autoridade na docência.

O maoísmo tropical

Uma das fontes de questionamento da autoridade docente, como vimos, está localizada exatamente em um certo ideário progressista. O fenômeno foi descrito com alguma precisão por Hannah Arendt quando disse que a Pedagogia negligenciou a "formação dos professores em suas próprias matérias", e, com isso, surgiu o descuido com o aspecto mais legítimo da autoridade docente, aquele que decorre do domínio de conteúdos específicos (Arendt, 1972: 225). O aspecto mais grave, no entanto, foi o flerte progressista com a ideia de que a autoridade docente era uma forma de opressão da maioria adulta, sendo as crianças a "minoria oprimida carente de libertação". Assim, quase como um modismo, "a autoridade foi recusada pelos adultos, e isso somente pode significar uma coisa: que os adultos se recusam a assumir a responsabilidade pelo mundo ao qual trouxeram as crianças" (Arendt, 1972: 240.).[4]

Alguns psicólogos como Carl Rogers juntaram-se a esse movimento e assim surgiu uma ventania, a partir dos anos 1950, que varreu os professores das escolas, substituindo-os por animadores, tutores, supervisores, incluindo uma nova categoria ainda mais demolidora do lugar do professor, o "trabalhador da educação". As dinâmicas de grupo e os trabalhos em equipe tomaram conta das salas de aula. No extremo dessa tendência, ocorreram eventos como a Revolução Cultural, na China, na qual os estudantes foram pressionados a denunciar os professores que, no entender do juízo estudantil, estivessem desalinhados com os pensamentos do camarada Mao:

> Aos estudantes foi dito para condenar seus professores e aqueles encarregados da educação por envenenar suas cabeças com "ideias burguesas" – e por persegui-los com exames, que a partir de então foram abolidos. A mensagem foi posta em letras garrafais na primeira página do *Diário do Povo* e repetida com voz estridente no rádio, transmitida por alto-falantes pendurados em todos os lugares, criando uma atmosfera que fazia ferver e gelar o sangue ao mesmo tempo. Os professores e administradores da educação foram as primeiras vítimas porque eram as pessoas que transmitiam cultura e porque constituíam o grupo mais convenientemente situado para ser oferecido às turbas juvenis, pois estavam à mão. (Chang e Halliday, 2012: 507)

"Não houve escola em toda a China em que não tenham ocorrido atrocidades", segue o texto. Tudo aquilo que estava ligado à escola e à cultura, incluindo os próprios prédios, professores, livros, pinturas, discos, instrumentos musicais, foi objeto de vandalismo político, a partir de junho de 1966. A China transformou-se rapidamente em um deserto cultural (Chang e Halliday, 2012, cap. 48).[5]

Ao lembrar esses fatos do maoísmo dos anos 1960, eu não quero sugerir uma comparação com o que estamos vendo no Brasil de hoje, mas há ao menos um ponto de contato. Os dirigentes do movimento Escola sem Partido não podem controlar a forma como as mensagens deles são abraçadas por muitos aderentes, e, mesmo sem ter muitas realizações legislativas, o movimento impacta o exercício da autoridade docente, na medida em que é capaz de promover uma relação de desconfiança entre estudantes e professores. O movimento sugere, por exemplo, que os estudantes usem seus telefones celulares como dispositivos de prova, incentivando os alunos a gravar as aulas para inibir os professores suspeitos de "doutrinação". Desse empoderamento tecnológico, surge um pequeno *maoísmo tropical*, na medida em que fica criada uma atmosfera de controle que se vale de redes de informação que não existiam no tempo de Mao. Essas batalhas, que por vezes extravasam para os pátios das escolas, como lembrava Hannah Arendt, são perdidas por todos os lados envolvidos, na medida em que, desviando atenção e energia das partes envolvidas, elas provocam o rebaixamento da qualidade da transmissão do legado cultural. *Como* elas podem ser evitadas? Elas *podem* ser evitadas? Voltarei a essas questões mais adiante.

O tema da autoridade na docência faz com que sejam invocadas lembranças de um tempo no qual professores e professoras não se viam às voltas com os "desmandos" de hoje. Não é raro ouvir que o problema é "falta de educação e respeito", a ser resolvido com algum tipo de comportamento regressivo, repressivo e moralizador.

Há quem veja como bom caminho militarizar as escolas, criar escolas cívico-militares. Quem vê as coisas nessa perspectiva inclina-se a dizer que vivemos uma crise de respeito e de "ética" e que há uma degradação dos costumes. Algumas queixas sobre a crise dos valores dizem que o problema começou com a modernidade. Uma das características de um certo conservadorismo contemporâneo reside exatamente nesse diagnóstico de decadências que começam com a Reforma Protestante e o humanismo renascentista. Como já indiquei anteriormente, já houve quem atribuísse a corrupção humana ao aprendizado da leitura e da escrita. Dessas queixas sobre a decadência do ocidente ficarei apenas com o que preciso para continuar a discussão de uma questão central do código de conduta docente do Escola sem Partido, a saber, as relações entre religião e moralidade.

Qual moral, qual religião?

É hora de voltar ao começo deste livro, ao episódio no qual Miguel Nagib disse ter se sentido chateado ao saber que o professor de sua filha havia comparado Che Guevara a São Francisco de Assis. Ele disse que era um caso de abuso da autoridade do professor. Há mais coisas aqui. Não sei qual é a confissão religiosa de Nagib, mas penso que a "chateação" dele liga-se a um nervo exposto na cultura religiosa brasileira. Há algo nesse episódio que não nos é permitido desconhecer. A analogia atribuída ao professor tocou em um ponto sensível para uma vertente da religiosidade brasileira, a saber, a comparação entre valores e causas "comunistas" e os valores e causas da tradição cristã.

A reação de Nagib implica o reconhecimento da autoridade do professor, mas também a da existência desse nervo exposto. A autoridade do professor deve ser exercida dentro de limites que impeçam a "doutrinação político-ideológica" e a usurpação "dos direitos dos pais na educação moral e religiosa de seus filhos".[6] Precisamos, então, examinar melhor as relações entre religião e moral.

A "nossa religião é inseparável da nossa moral", escreve Nagib. Ele acrescenta que "a moral é inseparável da religião".[7] Há dois aspectos que precisam ser analisados aqui: de *quem* e de *qual* religião Nagib fala e se é de fato a religião inseparável da moral? É fácil esclarecer o primeiro ponto, pois Nagib informa que se trata da "religião da esmagadora maioria do povo brasileiro, que é o Cristianismo". Ficam unificados católicos, evangélicos, luteranos, ortodoxos e demais denominações cristãs. O segundo ponto é mais complexo. A frase é esta: *"nossa religião é inseparável da nossa moral"*. A fórmula é importante para que ele possa afirmar que, quando as disciplinas obrigatórias do currículo veiculam "conteúdos morais incompatíveis com os preceitos da nossa religião", a liberdade religiosa fica ameaçada. Isso é ainda mais grave em um Estado laico, ele acrescenta.

Segundo os dados do Censo de 2010 do IBGE, cerca de 87% da população brasileira declara-se cristã e 8% declara-se sem religião. Se a moralidade for inseparável da religião, o que devemos pensar das pessoas que se declaram desprovidas dela? O que devemos pensar das pessoas que se dizem adeptas de religiões que passam ao largo da tradição cristã, como os hinduístas, budistas, jainistas, pois não cultuam um Deus transcendente? Mesmo se ficamos na tradição do cristianismo, surgem muitas dúvidas sobre essa dependência entre moral e religião: *qual moral, qual religião*? Aquelas do Antigo ou do Novo Testamento? É preciso algum esforço argumentativo para fazer com que o Cristianismo venha a ser um conjunto de regras morais e não, acima de tudo, um encontro pessoal com o amor de Deus.[8] O fato lembrado por Nagib, que a religião da "esmagadora maioria do povo brasileiro" é o cristianismo somado à ideia de fundamentação da moral na religião, não termina por questionar a moralidade da minoria de outros crentes e descrentes?

Quais são as dificuldades do argumento em favor de uma fundamentação da moral na religião? A principal delas é que é preciso supor que todos sejam crentes. Aqui começam os problemas. Estamos falando de pessoas que partilham a mesma confissão ou apenas de uma grande tradição cristã? Como ficariam as diferenças entre elas, que somente se multiplicam ao longo dos séculos? Estamos falando apenas de religiões monoteístas, que falam em um único Deus transcendente ao mundo? Nesse caso, de um Deus unitário ou trinitário? Como ficam os muçulmanos? O que essa moral diria sobre as questões que não podiam ser imaginadas no tempo do surgimento do cristianismo, relacionadas ao meio ambiente, tecnologias genéticas, direitos dos animais, direitos das próximas gerações? Assim, a fundamentação da moral na religião esbarra em uma questão de honestidade intelectual, pois trata-se de uma solução simplória para um problema complexo. Ela não corresponde "nem à seriedade das questões, nem à seriedade exigida pela crença religiosa" (Tugendhat, 2003: 13).[9] Se eu levo minha crença religiosa tão a sério que faço dela o fundamento da minha moralidade, devo permitir que outros crentes de outras confissões façam o mesmo? Ou podemos pensar que há religiões *mais religiosas do que outras*? E quanto aos descrentes? A observação de regras morais deve poder ser exigida de todos, crentes ou descrentes, e assim não pode depender da confissão religiosa de um grupo, por mais esmagador que seja.

Não vou seguir aqui em uma discussão sobre a fundamentação da moral.[10] Limito-me a anotar que não podemos ignorar as profundas relações entre os sistemas religiosos e a vida ética, mas menos ainda podemos desconhecer que a fundamentação religiosa da ética não é mais possível devido às exigências de *universalidade* de uma, a ética, diante das *particularidades* de outra, a religião. A menos que queiramos, pela força da maioria, autorizar apenas uma ética particular como se valesse para todos.

Um dos itens mais polêmicos do código de conduta docente proposto pelo movimento Escola sem Partido é esse: "*O Professor respeitará o direito dos pais a que seus filhos recebam a educação moral que esteja de acordo com suas próprias convicções*". Temos aqui as relações entre escola, família e formação moral. Essa é, provavelmente, a questão mais complexa do código proposto. A primeira dificuldade diz respeito à questão da autoria da educação moral de uma criança. Não cabe dúvida quanto à primazia dos cuidadores nesse aspecto, em especial, pelo fato de a criança estar, na maior parte do tempo, com eles. Mas nada na redação do item citado nega o fato trivial de que a educação moral de uma criança não fica suspensa enquanto ela está na escola, na sala de aula ou no pátio. Ou fica? Parece ser essa a linha de raciocínio seguida pelos autores do projeto, que, para esclarecer esse ponto, afirmam que existem "conteúdos morais" nas disciplinas comuns, obrigatórias. "Impõe-se, portanto, que as questões morais sejam varridas dos programas das disciplinas obrigatórias. Quando muito, poderão ser veiculadas em disciplina facultativa, como ocorre com o ensino religioso".[11]

O exemplo de "questão moral" trazido pelos autores Faria da Silva e Nagib foi retirado de um livro que, segundo informam, foi adotado no Recife como fonte de orientação sexual para crianças de 7 a 10 anos. Os dois articulistas não se ocupam tanto com os conteúdos sobre sexualidade ali contidos, mas, sim, com o fato de o autor do livro escrever que "as pessoas grandes só sabem abrir a boca para proibir". A proibição, no caso, era a de brincadeiras da criança com seu "pênis" ou sua "vulva". É esse tipo de contexto, de desautorização dos "grandes" em um livro escolar, que é invocado um artigo da Convenção Americana sobre Direitos Humanos, de 1969. Ali está escrito que é um direito dos pais que seus filhos "recebam a educação religiosa e moral que esteja de acordo com suas convicções".[12] Essa redação, que inclui a expressão "religiosa", chegou a ser adotada em certo momento pelos autores do projeto Escola sem Partido.

Qual é a concepção de educação moral que um professor deve ter diante de seus 30 alunos? Há ali 30 convicções morais diferentes? Parece evidente que não é o caso. Se entendo bem o exemplo trazido pelos autores, uma coisa é haver adequação de vocabulário e de didática no trato de temas como a sexualidade, e outra, bem diferente, é uma sugestão de que as crianças faltem em respeito com os adultos. Não podemos supor que o Escola sem Partido queira suprimir das aulas de Biologia a experiência do feijão no algodão úmido e muito menos queira proibir as perguntas que as crianças fazem nessas aulas. Entendo a queixa deles, no caso da frase sobre "as pessoas grandes". O exemplo da desautorização da gente grande *implica* que a formação moral da criança vai muito além de conteúdos curriculares, perigosos ou não. O caso parece mais uma reclamação diante de uma situação didaticamente desastrosa. Se eu encontrasse entre os livros escolares da minha filha um livro no qual estivesse escrito que *gente grande só sabe abrir a boca para proibir*, também ficaria irritado. O caso parece ser mais um exemplo daquilo que no futebol se chama de "bola nas costas". Talvez seja um episódio isolado e mal recortado, mas é suficiente para encher de razões os articulistas.

Em uma primeira leitura, somos inclinados a pensar que sim, trata-se de um exemplo relevante, ligado ao tema do *respeito*. Já a solução imaginada por eles para coibir exageros na formação moral escolar, que é a de reunir em uma disciplina optativa as "questões morais", não é boa. Já apontei anteriormente que a medida protetiva imaginada por eles consiste na retirada dos temas morais dos programas das disciplinas comuns. Acho isso muito difícil, pensando no pezinho de feijão, não vou dizer que é impossível.

Mas seria demais lembrar aqui que a relação entre os professores e as crianças nunca é isenta de sentimentos e valores morais? E que até mesmo o simples gesto de servir o mingau pode fazer mais pela autoestima de uma criança do que o final de semana dela com o pai atento ao smartphone? Que a "educação moral" não se resume a uma questão de temas bem definidos e objetivos operacionais? Que a educação moral começa no "bom dia" que nos dão ou não e termina, no outro dia, na forma como nossa mãe nos consola dos pesadelos que tivemos à noite?

Há um consolo aqui. Arrisco dizer que as polêmicas criadas pelo Escola sem Partido sobre as relações entre família e escola estão à altura da complexidade do assunto. Essas esferas de socialização têm papéis diferentes na vida da criança e a cada uma delas corresponde um tipo de palavra na vida infantil. À voz da escola é exigida uma disciplina regrada pela consideração da natureza peculiar da família, como sugeriu Hegel. No conflito entre a palavra da escola e a palavra da família, quem costuma sair perdendo é a criança. O tema é clássico e não vem de hoje, como ilustra essa passagem de autoria de Dietrich Bonhoeffer:

> Um exemplo: um professor pergunta a uma criança, diante da classe, se é verdade que seu pai frequentemente volta embriagado para casa. De fato é assim, mas a criança nega-o. A pergunta do professor colocou-a numa situação que ela ainda não tem condições de enfrentar. Sente, apenas, que aqui aconteceu uma ingerência indevida na ordem da família que ela deve rechaçar. O que se passa na família não é da conta da classe. A família tem seu mistério próprio que se deve preservar. O professor desrespeitou a realidade dessa ordem. (Bonhoeffer, 2002: 204)

O exemplo de Bonhoeffer pode soar artificial, pode ser difícil imaginar um professor que se sente no direito de perguntar a um aluno, diante da classe, se é verdade que o pai é bêbado. Podemos imaginar exemplos mais plausíveis? Abrir ou fazer abrir o voto em eleições não vai na mesma linha? É possível, no entanto, imaginar um exemplo reverso. Pense na criança que encontra na escola um espaço de acolhimento que não há na família. Ela tem dúvidas em relação à sexualidade que não são ouvidas em casa. Com o passar do tempo, ela concluirá que há coisas que se passam na escola que não são da conta da família, e, com isso, o mistério de ambas fica preservado.

Vamos adiante. A principal queixa dos autores do Escola sem Partido é com o que eles chamam de "moral sexual". Em que consiste isso? E o que pensam esses autores sobre a relação entre moral e religião?

Sexo e latim no currículo

O que é a "moral sexual"? O Escola sem Partido fez uma lista dos temas ligados à moral sexual que inclui questões de gênero, modelos familiares, masturbação, iniciação sexual, homossexualidade, direitos reprodutivos, aborto, disfunções sexuais, prostituição e pornografia. Esses itens constam da página do movimento[13] e são expressões usadas nos documentos oficiais do MEC dedicados à orientação sexual.

A cultura curricular em vigor – aqui no Brasil, mas também lá fora, em países como França e Inglaterra – inclui os temas chamados de "orientação sexual" para dar conta do compromisso da escola em bem informar as crianças e os adolescentes sobre essa área da existência humana. A didática para o tratamento de informações sobre a sexualidade tem sido a de abordar os itens mais básicos dessa lista de forma contextualizada, nas disciplinas do currículo comum, como Biologia, História, Literatura etc., e os itens mais complexos em espaços próprios, principalmente na forma de palestras e projetos.

No principal texto produzido sobre esse tema, "Quem disse que educação sexual é conteúdo obrigatório?", Nagib afirma que a educação sexual nas escolas públicas é "conteúdo obrigatório" e que a "educação sexual está compreendida no plano mais abrangente da educação moral". A primeira afirmação é falsa, a segunda é boa.

É falso que a educação sexual seja obrigatória, ao menos nas diretrizes do MEC. O principal documento nessa área, citado pelo Escola sem Partido, diz com toda clareza que antes de qualquer iniciativa nessa área deve haver "comunicação aos familiares". Se estes manifestarem resistência, o *posicionamento dos familiares deve ser respeitado, podendo ser o aluno dispensado do trabalho, pois são os pais os principais responsáveis pelo adolescente*" (Brasil, 1997: 332). Isso está escrito no mesmo documento que Nagib cita em favor da tese da obrigatoriedade. Uma leitura atenta dos principais documentos que têm circulado no Brasil, produzidos no MEC, mostra a enorme preocupação com a natureza delicada dos temas e com a necessidade de que sejam abordados de forma competente, sempre respeitada a adequação didática de vocabulários e conteúdos. A orientação do MEC é a de respeito pelos valores familiares, caso esses sejam contrários a esse tipo de trabalho.

Não ignoro aqui a resposta de Nagib ao meu argumento: que essa "moral sexual" vem embutida nas disciplinas obrigatórias e assim termina por se tornar obrigatória. Nesse caso, preciso passar para a segunda afirmação dele: que a "educação sexual está compreendida no plano mais abrangente da educação moral", que considero razoável. Basta fazer com que a palavra "sexual" seja uma variável x para que a gente aceite a frase como boa. Vou começar com um exemplo que considero razoável: "A *educação esportiva* está compreendida no plano mais abrangente da educação moral". Pode haver afirmação mais razoável que essa, no que diz respeito à formação moral? Onde uma criança melhor aprende o respeito às regras e à arbitragem, ao *fair-play*, à consideração com quem se esforça mais e ao respeito com quem pode menos do que em um jogo de futebol bem supervisionado? Ou, se quisermos ver a coisa pelo outro lado, onde uma criança melhor aprende a valorizar coisas como organização, planejamento e trabalho em equipe? Agora, troque "sexual" por "matemática". *Mutatis mutandis*, dá em algo parecido. Onde melhor aprendemos sobre o "chão do amor" (como dizia Helio Pellegrino) e do mundo do que em uma aula de Matemática, onde vivenciamos o estranho sentimento do rigor da leveza?

Parece evidente que *a simples lista* de temas como gênero, modelos familiares, masturbação, iniciação sexual, homossexualidade, direitos reprodutivos, aborto, disfunções sexuais, prostituição e pornografia não é um problema para o Escola sem Partido. Como seria um mundo no qual esses temas ficassem completamente desligados de valores morais? O ponto do Escola sem Partido é um tanto vago aqui. Eles reconhecem o direito das escolas em tratar desses temas e pedem que seja opcional aos pais aceitar essa oferta. Isso já está contemplado nas orientações do MEC. Mas a simples abordagem dos itens da lista já criaria a "lavagem cerebral" de valores morais inaceitáveis para todos? A impressão que tenho é que a queixa deles surge para dar conta dos exageros relatados, na forma como alguns livros, algumas escolas, alguns professores têm feito esse trabalho.

Mais uma vez fica evidente que estamos às voltas com fantasmas do passado. Os anos 1950 foram palco de debates furiosos sobre a liberdade e a laicidade do ensino, que não foram pacificados em nenhum momento. Uma das principais queixas dos conservadores da época era sobre os poderes do Estado em decretar, centralmente, os conteúdos curriculares. Vale lembrar aqui as palavras de Gustavo Corção sobre o tema:

> Não tenho a menor relutância em admitir certas exigências mínimas, e certo tipo moderado de fiscalização governamental. Ao contrário, julgo que compete ao Estado uma parte apreciável e imprescindível na realização da grande tarefa comum; mas contesto energicamente o direito, atualmente em exercício, que o Estado se arrogou de determinar rigidamente toda a estrutura do ensino, sem deixar margem alguma para aquelas legítimas preferências dos pais a que se referia Pio XI. (Corção, 1958)

Corção refere-se, na parte final da citação, à doutrina de Pio XI, na encíclica *Divini Illius Magistri*, que orienta o católico sobre a primazia da família e da Igreja sobre o Estado em matéria de educação. Como se não bastasse esse paralelo, Corção, no mesmo artigo, considera-se pessoalmente afrontado pelo Ministério da Educação ao ver que sua filha deveria estudar, na quarta série, 12 matérias, entre elas o *latim*! Sua indignação contra a rigidez e o centralismo curricular da época mereceu uma carta de Anísio Teixeira, que também não perdeu a atualidade:

> Defendo posição essencialmente idêntica à sua. A educação – não só a privada, como a pública – não deve ser sujeita ao Estado, mas, à Sociedade. Por isto defendo um governo independente para a educação: conselhos locais, de composição popular. No fundo, conselho de pais. A política educacional seria fixada por esses conselhos, ajudados pelos profissionais da educação, isto é, os professores. O senhor deseja, ao que parece, a mesma coisa. [...] *A educação pertence aos pais. Muito bem. Como vão eles organizá-la? Entregando à Igreja. Ótimo. Mas há várias igrejas... E há os que não têm igreja... Daí a necessidade de uma escola imparcial.* (Teixeira, 1958, grifo nosso)[14]

Como escreveu Cecilia Meireles, a escola deve fazer o que puder para ser um território neutro, imparcial, porque o coração das crianças é sempre grande demais para abranger apenas uma igreja ou uma pátria. Cecília disse isso em uma crônica intitulada "Questão de Educação", que começava assim: "Tudo, em suma, é sempre uma questão de educação. Vejamos a guerra sino-japonesa". Ela se incomoda, na crônica, com a informação que as hostilidades chinesas contra o Japão alcançaram as escolas. Ela cita uma notícia que diz que os chineses estão...

> Promulgando leis irrazoáveis, recusando justiça, incitando a população a atos de violência, decretando competições injustas, espalhando informações mentirosas, organizando movimentos hostis, sistematizando nas escolas a campanha jacobinista, lançando mãos, em suma, de meios que nenhuma lei divina ou humana pode sancionar. (Meireles, 2017: 43)

Logo a seguir, Cecília destaca a frase "sistematizando nas escolas a campanha jacobinista..." para manifestar seu desagrado, para chamar a atenção para a gravidade dessa atitude. O radicalismo crescia no mundo, o mundo se partia e a criança era levada junto – alvo preferido das irracionalidades adultas. Nesse momento em que Brasil está partido e no meio dessa tragédia que estamos vivendo, Cecília Meireles nos vem em socorro:

> E isso é que é ainda mais grave que este mesmo momento a que vamos assistindo.
>
> Porque a escola tem de ser o território mais neutro do mundo.
>
> Pode ser que os homens de hoje tenham o direito de combater outros homens de hoje.
>
> Mas, porque assim é, não se vai admitir que as crianças de hoje devam preparar-se, desde já, para, quando forem grandes, continuarem as lutas que seus pais não tiveram tempo de concluir.
>
> As conferências de desarmamento, se quiserem ser úteis, tem de começar nas escolas, nas palavras e nos atos dos professores, principalmente nos atos, porque falar já quase não vale a pena...
>
> Tem de começar pela extinção do jacobinismo no coração dos adultos – porque o coração das crianças é sempre grande demais para abranger uma pátria só. (Meireles, 2017: 44)

O que podemos exigir das escolas, sejamos cristãos ou não, é que os temas ligados tão diretamente ao mundo vivido das crianças sejam tratados com toda a sensibilidade pedagógica e didática que demandam. O que não podemos aceitar é que esses temas, em nome desse e daquele risco, sejam simplesmente retirados sem mais da formação de uma criança. Como disse Anísio Teixeira, vamos nos aproximar mais da escola, sim, mas sem cair na asneira de dizer que desapareceram os ideais de honestidade intelectual que devem orientar a educação.

As duas culturas da escola

No começo deste livro, lembrei que um crítico do Escola sem Partido disse que a polêmica criada era uma oportunidade de ouro para que houvesse uma renovação do debate sobre a escola pública e a educação, sobre nossos valores e sobre a nossa ética profissional. A lista pode ser aumentada: a objetividade do conhecimento e dos valores, as relações entre ética e religião, as formas da presença da política na escola, o desenho da linha que separa a formação da doutrinação. Procurei mostrar que boa parte das questões trazidas para o debate desde 2003 podem ser vistas como conversas que já duram algum tempo. Essas conversas são também molduras e atmosferas para o que acontece hoje, em especial, no que diz respeito às formas de presença da escola pública, e indicam que ainda há muita coisa a ser discutida entre nós sobre a cultura escolar, sobre didática e currículo, sobre formação docente e ética profissional.

A escola, enquanto instituição social, transmite duas culturas. Uma delas diz respeito ao universo de competências e habilidades específicas que desejamos que as crianças adquiram, como ler, escrever e contar. O ritmo no qual as crianças se apoderam dessas competências, que vamos chamar aqui de "instrumentais", varia de uma para outra, de acordo com dois fatores principais que se cruzam. Um deles é a qualidade do ambiente de letramento que ela tem em casa, quando o tem; o outro são as estratégias pedagógicas e didáticas da escola. Logo, nos primeiros meses, surgem na classe os primeiros e os últimos, os adiantados e os atrasados, pois o tempo escolar de aquisição de habilidades específicas é discriminador, diferenciador. O caminho instrumental nem sempre é suave. Ao contrário, logo no começo, ele se mostra desprovido de sentido. Pense no aprendizado da correspondência artificial entre letras e sons. *Sessão* e *cessão* têm o mesmo som, não? Há um momento no qual a resposta que temos para a criança é que é assim *porque é assim*.

A outra cultura escolar vai na direção oposta dessa, pois é integradora, unificadora, e tem sido chamada de cultura expressiva.[15] Ela é assim chamada porque é constituída simultaneamente por valores e rituais compartilhados que visam às formas de consenso social. Se a aquisição da cultura instrumental discrimina as crianças a partir do desempenho individual, a cultura escolar expressiva opera no sentido inverso. Ela agrega e oferece coesão, na medida em que a escola passa a ser uma fonte de valores partilhados. A cultura escolar expressiva é exercida em procedimentos escolares como a adoção de uniformes, camisetas, bonés, criação de grêmios estudantis, realização de cerimônias coletivas, adoção de símbolos, músicas, dísticos e de todo e qualquer tipo de ritual equalizador, desde as simples filas de entrada até o regramento dos espaços arquitetônicos. A cultura expressiva é uma fonte de valores partilhados que se materializam em muitas formas no cotidiano escolar.

Pense em situações como o uso de uniforme escolar. O uniforme produz unidade, coesão, identidade de grupo e ameniza certas diferenças sociais. Sua adoção funciona como um ritual de consenso que vai muito além do oferecimento de proteção às crianças para mostrar quem são os "de fora", pois indica a existência de uma comunidade com identidade bem demarcada. O uniforme gera um novo tipo de pertencimento social e está associado com afetos como o orgulho e a vergonha. Não é por acaso que o abandono do uso de uniforme pelas escolas costuma ser associado, intuitivamente, com uma certa anomia escolar, de formas sutis de indisciplina escolar: relaxamento de horários, presenças, avaliações.

Já sempre há valores na escola. Eles não aparecem apenas de modo verbal explícito, escrito. Eles se materializam nas formas de organização e cuidado da sala de aula, de distribuição das crianças na classe, de manuseio dos materiais didáticos, na organização da fala e da escuta em classe, na explicitação dos direitos e dos deveres de todos os envolvidos, crianças, docentes, auxiliares. A escola é um espaço normativo especial, pois as regras que ali encontramos mostram uma curiosa ambiguidade, que ajuda a compreender melhor a sua dualidade cultural. Em uma escola, qualquer escola, encontramos regras que, por assim dizer, *constituem a escola*, fazem que ela seja o tipo de instituição que é. Vou chamar esse tipo de regra de constitutiva. O que faz com que uma regra seja constitutiva é um fato muito simples: a situação que ela regula não existiria sem ela. Aqui, novamente, o futebol é um bom exemplo. Um jogo de futebol somente será *de futebol* se seguir as regras estabelecidas, que o *constituem* diferentemente do basquete e do vôlei, por exemplo. A regra constitutiva, como diz a expressão, constitui, cria, dá origem a uma situação.

Outra coisa são as regras que regulam aqueles comportamentos que existem independentemente delas, como, por exemplo, comer. A necessidade de comer não traz consigo uma regra sobre *como* devemos comer e *quanto* e *onde* e em que *ordem*. Surgem, então, as regras de etiqueta, de culinária, religiosas, sanitárias etc. Esse tipo de regra é uma *norma* que vai governar um comportamento que existe de forma independente dela. Pense aqui nas normas sociais: as pessoas relacionam-se umas com as outras de uma forma *ou* de outra, e assim elaboramos regras para o relacionamento humano que cobrem desde o mundo político, passam pela cortesia cotidiana e podem chegar até ao relacionamento da pessoa consigo mesma.

Já sempre há valores na escola, pois ela é atravessada por regras constitutivas *e* normativas. As regras constitutivas, menos visíveis, são vividas por nós de uma forma implícita. São elas que fazem da escola a instituição *sui generis* que ela é, que não se confunde nem com a família, nem com a sociedade civil; nem com o mundo privado, nem com o mundo público, como já procurei mostrar anteriormente.

A escola é um espaço de transição entre mundos, e a responsabilidade do trabalho docente não consiste apenas em prover a criança de instrumentos – a cultura instrumental da escola a que me referi anteriormente –, mas a de permitir que a criança experimente os valores que são essenciais para que ela possa deixar a escola um dia. Para que possamos apresentar o mundo para a criança, precisamos sempre antes simulá-lo e, assim, a escola é um espaço transicional.[16] Pense aqui, mais uma vez, na importância dos grêmios estudantis como espaços imprescindíveis não apenas para o exercício de voz, mas para a experiência escolar da vida política. As regras normativas, por outro lado, de tipo imperativo, explícito, estão presentes nos regimentos escolares; a eficácia delas, desconfio, tem muito a ver com a presença, maior ou menor, da cultura expressiva da escola. As crianças que têm orgulho de sua escola tendem a ver as normas dela com simpatia, e esse sentimento pode ser um indicador que ela seja suficientemente boa. Como acontece com as mães, basta que uma escola seja suficientemente boa, que promova a ética profissional docente de forma conjugada com a cultura didática e curricular e com o sucesso nas aprendizagens.[17]

A maioria das queixas do Escola sem Partido diz respeito a situações que estão no campo de uma ética profissional ampliada pela didática que podem ser encaminhadas sem que a cultura escolar seja rebaixada, sem que as batalhas políticas sejam transferidas para o pátio das escolas, sem leis, cartazes e decretos. Como disse Hannah Arendt, estamos vivendo *amarguras desnecessárias*, pois todos sabemos bem que, enquanto brigamos e as crianças continuam mal aprendendo a ler, escrever e contar, nada está sendo realizado, mas todos achamos que alguma coisa está sendo feita.

É difícil para nós, professores, estar à altura dos desafios que as transformações sociais criaram nas últimas décadas. A natureza da autoridade e da confiança mudou brutalmente. A confiança entre as pessoas agora é de outro tipo, menos baseada no papel social estipulado pela tradição e muito mais influenciada pela informação disponível para todos. Esse fenômeno irreversível atinge as relações entre pais e filhos, professores e estudantes, patrões e empregados, cidadãos e Estado. A confiança é cada vez mais ativa e negociada. Certos fatos muito gerais da vida, no entanto, seguem sendo os mesmos, e nada indica que a ontogênese pode contrariar, sem riscos, a filogênese: antes do mergulho nos mundos virtuais das telas, a criança deve mergulhar no mundo da confiança humana, em uma rede que não se limita aos cuidadores imediatos. A escola precisa ser preservada por todos nós, professores, pais e legisladores, como um espaço de confiança, porque o coração das crianças é sempre grande demais para abranger uma pátria só.

NOTAS

[1] Devo a Lacan a "cabecinha de aspargo": "O nome não é como a cabecinha de aspargo que emergiria da coisa". Os nomes não fazem parte do mundo natural, bem como a ética. Ela não surge nem das coisas nem da história (Lacan, 1983).

[2] Há outra confusão se temos presente quando a Filosofia, os direitos humanos e a democracia são vistos como aspectos da superestrutura social. Se a Filosofia é um fenômeno da superestrutura social, como poderia, sem contradição, ter autonomia para falar da sociedade? Uma parte substantiva do marxismo ocidental enredou-se nesse curto-circuito.

A cultura da escola

[3] Disponível em http://fernandoschuler.com/fernando-schuler/sem-categoria/existe-ou-nao-afinal-de-contas-doutrinacao-ideologica-em-nossas-escolas/, acesso em 28 de agosto de 2019.

[4] Analisei um exemplo eloquente disso ao discutir, no segundo capítulo deste livro, o *Cuidado, Escola!*.

[5] Hoje, passados mais de 50 anos da Revolução Cultural, do ponto de vista pedagógico, a China é um caso de conservadorismo pedagógico.

[6] As expressões são da mesma entrevista concedida por Nagib ao jornal *El País*, em 25 de junho de 2016.

[7] Disponível em http://escolasempartido.org/educação-moral/442-quem-disse-que-educacao-sexual-e-conteudo-obrigatorio, acesso em 22 de agosto de 2019. As demais citações nesse trecho são do mesmo escrito.

[8] Veja a Encíclica de Bento XVI, *Deus caritas est*, que começa precisamente uma advertência contra essa tendência de instrumentalizar o cristianismo como um conjunto de regras morais.

[9] Tugendhat (2003) que me serve de inspiração nesse tema.

[10] Sobre esse tema, recomendo vivamente as *Lições sobre Ética*, de Ernst Tugendhat (2003).

[11] A passagem está em um artigo publicado na *Folha de S. Paulo*, em 30 jan. 2011, por Luis Carlos Faria da Silva e Miguel Nagib, "Direito dos pais ou do Estado".

[12] Esta redação lembra o artigo 148 da Constituição da República de Weimar: "O ensino nas escolas públicas deve ser ministrado com o cuidado de não ferir os sentimentos dos que pensam diferentemente". "Diferentemente", no contexto, refere-se mais aos valores éticos e patrióticos do que religiosos. Ver Richard (1988: 250).

[13] Disponível em http://escolasempartido.org/educação-moral/442-quem-disse-que-educacao-sexual-e-conteudo-obrigatorio, acesso em 22 de agosto de 2019. Há uma informação, no começo desse escrito, que foi criado em 20 de dezembro de 2013.

[14] A citação segue: "Assim, parece que os conselhos eleitos, à maneira democrática, seria a melhor solução. Por que não a defende? Como imagina o senhor organizar os pais para a educação de todos? Já notou que 'pais' às vezes significa 'pais' de certa classe? E os pais das outras classes? Os padres substituiriam os pais. Mas já notou o Sr. como os padres são poucos no Brasil?".

[15] Sigo aqui sugestões de Bernstein, Elvin e Peters (1966) e Prairat (2002).

[16] O uso que faço aqui do conceito de área de transição é de fundo winnicotiano. A comparação é temerária, mas, penso eu, pode ser feita. Veja, sobre isso, Winnicott (1975), em especial o capítulo I. A distinção entre tipos de regras foi sugerida por Searle (2011, cap. 2).

[17] Com essa comparação, eu indico ao leitor a inspiração para esse tema: a psicologia de Winnicott.

AGRADECIMENTOS

Quero agradecer o apoio que tive de muitas pessoas antes e durante a escrita deste livro. Nenhuma delas é responsável pelo que escrevi e a maioria não leu o manuscrito. Todas, no entanto, são parte de uma rede inspiradora que está presente neste trabalho nas mais diversas formas e intensidades: Marta Gomes da Rocha, Maíra e Pedro Gomes da Rocha, Laura Prestes Brum, Gisele Dalva Secco, Chagdug Khadro, Róbson Ramos dos Reis, Abel Lassalle Casanave, Frank Thomas Sautter, Mitieli Seixas, César Schirmer, Elizete Tomazetti, Flávio Williges, Rogério Saucedo, Rogério Severo, Delmar Bressan, Victor Hugo Costa, Vitor Biasoli, Télcio Brezolin, Josmar Borges, Robson Pereira Gonçalves, Lawrence Flores Pereira, Aguinaldo Médici Severino, Esther Pillar Grossi, Ernildo Stein, Paulo Faria, Edgar Lyra, Eduardo Barra, Antonio Edmilson Paschoal, Jaqueline Engelmann, Lauren Nunes, Ceres Karam Brum, Liliana Souza de Oliveira, Elgion Loreto, Nythamar de Oliveira, Silvia Maria Aguiar Isaia, Thaís Dorow, Vanilde Bisognin, Patricia da Silva Valerio, Camila Steinhorst, Roberta Santurio, Isabele Pereira, Ivon Chagas da Rocha (*in memorian*), Zelma Pires da Rocha, Sheila Rocha Damilano, Ivon Chagas da Rocha Jr., Thais Pires Rocha, Marta Rocha Knoll, Mathias e Lúcia Brum da Rocha. Como diz a filósofa Annette Baier, chegamos depois de muitas pessoas e antes de outras tantas, crescemos com outras pessoas, todos somos *segundas pessoas*.

BIBLIOGRAFIA

ALTHUSSER, Louis. *Ideologia e aparelhos ideológicos do Estado*. Lisboa: Presença/Martins Fontes, 1974.

ARANTES, Paulo. *O novo tempo do mundo*: e outros estudos sobre a era da emergência. São Paulo: Boitempo, 2014.

ARENDT, Hannah. *Entre o passado e o futuro*. Trad. Mauro W. Barbosa de Almeida. São Paulo: Perspectiva, 1972.

_____. *Responsabilidade e julgamento*. Trad. Rosaura Eichenberg. São Paulo: Companhia das Letras, 2003.

ARISTÓTELES. *A Política*. Trad. Nestor Silveira Chaves. Rio de Janeiro: Edições de Ouro, 1969.

AZEVEDO, Tárcio Vancim. *Reinaldo Arenas e Heberto Padilla*: memórias dissidentes à Revolução Cubana no ocaso do Socialismo Soviético. 2014. Dissertação (Mestrado) – Universidade Estadual Paulista, Franca, 2014.

BAIER, Annette C. *Moral Prejudices*: Essays on Ethics. Cambridge: Harvard University Press, 1995.

BEAUVOIR, Simone. *A longa marcha*. Trad. Alcântara Silveira. São Paulo: Ibrasa, 1963.

BEISIEGEL, Celso de Rui. *Política e educação popular*: a teoria e a prática de Paulo Freire no Brasil. São Paulo: Liber Livro, 2008.

BELL, Daniel A. *China's new Confucianism. Politics and Everyday Life in a Changing Society*. Princepton and Oxford: Princepton University Press, 2008.

BERNSTEIN, B.; ELVIN, H. L.; PETERS, R. S. Rituals in Education. *Philosophical Transactions of the Royal Society of London*, v. 251, n. 772, pp. 429-36, 29 dez. 1966.

BETINHO. *No fio da navalha*. Rio de Janeiro: Revan, 1996.

BONHOEFFER, Dietrich. *Ética*. Trad. Helberto Michel. São Leopoldo: Sinodal, 2002.

BRASIL. Ministério da Educação e Cultura. INEP. *A escola primária, gratuita e obrigatória*. Rio de Janeiro, 1956.

_____. Secretaria de Educação Fundamental. *Parâmetros Curriculares Nacionais – Temas Transversais. Orientação Sexual*. Brasília: MEC/SEF, 1997.

CHANG, Jung; HALLIDAY, Jon. *Mao*: a história desconhecida. Trad. Pedro Maia Soares. São Paulo: Companhia das Letras, 2012.

COMÉNIO, João Amós. *Didactica Magna*. Trad. Joaquim Ferreira Gomes. Lisboa: Fundação Calouste Gulbenkian, 1976.

CORÇÃO, Gustavo. Uma afronta pessoal. *O Estado de São Paulo*, 2 fev. 1958.

DANTO, Arthur. *Mysticism and Morality. Oriental Thought and Moral Philosophy*. New York: Columbia University Press, 1988.

DICKENS, Charles. *Tempos difíceis*. Trad. José Baltazar Pereira Júnior. São Paulo: Boitempo, 2014.

DUPUIS, Jacques. *Em nome do pai*: uma história da paternidade. São Paulo: Martins Fontes, 1985.

FAUSTO, Ruy. *Caminhos da esquerda*: elementos para uma reconstrução. São Paulo: Companhia das Letras, 2017.

FORNAZIERI, Aldo; MUANIS, Carlos (Orgs.). *A crise das esquerdas*. Rio de Janeiro: Civilização Brasileira, 2017.

FREIRE, Ana Maria Araújo. *Paulo Freire*: uma história de vida. Rio de Janeiro: Paz e Terra, 2017.

FREIRE, Paulo. *Ação cultural pela liberdade e outros escritos*. Rio de Janeiro: Paz e Terra, 1977.

_____. *Educação como prática de liberdade*. Rio de Janeiro: Paz e Terra, 1983.

_____. *Educação e atualidade brasileira*. São Paulo: Cortez, 2013.

_____. *Pedagogia do oprimido*. Rio de Janeiro: Paz e Terra, 2014.

FRIGOTTO, Gaudêncio (Org.). *Escola "sem" partido*: esfinge que ameaça a educação e a sociedade brasileira. Rio de Janeiro: UERJ, LPP, 2017.

GATTI, Bernadete A.; ROSSA, Marina Muniz Nunes. *Formação de Professores para o Ensino Fundamental*: estudos de currículos das licenciaturas em Pedagogia, Língua Portuguesa, Matemática e Ciências Biológicas. São Paulo: Fundação Carlos Chagas, v. 29, mar. 2009.

GEACH, P. T. *Razão e argumentação*. Porto Alegre: Penso, 2013.

GOPNIK, Alison. *The Gardener and the Carpenter*: What the New Science Of Child Development Tells Us about the Relationship Between Parents and Children. New York: Farrar, Strauss and Giroux, 2016.

GRIFFITH, Ernst S. (Org.). *Fascism in Action. A Documented Study and Analysis of Fascism in Europe*. United States, Government Printing Office. Washington: Library of Congress, 1947.

GRISI, Rafael. *Didática mínima*. São Paulo: Editora Nacional, 1963.

GUMBRECHT, Hans Ulrich. *Produção de presença*: o que o sentido não consegue transmitir. Trad. Ana Isabel Soares. Rio de Janeiro: Contraponto, 2010.

HARPER, B. et al. *Cuidado, Escola!*: desigualdade, domesticação e algumas saídas. São Paulo: Brasiliense, 1980.

HEGEL, Georg Wilhem Friedrich. *Elements of the Philosophy of Right*. Ed. by Allen W. Wood. Translated by H. B. Nisbet. New York: Cambridge University Press, 2014.

HIRSCHMAN, Albert. *De consumidor a cidadão*: atividade privada e participação na vida pública. São Paulo: Brasiliense, 1983.

_____. The Welfare State in Trouble: Systemic Crisis or Growing Pains? *The American Economic Review*, v. 70, n. 2, pp. 113-6, May 1980.

JACKSON, Philip W. *La vida en las aulas*. Trad. Guillermo Solana. Madrid: Ediciones Morata, 2010.

JOSEPHSON-STORM, Jason A. *The Mith of Disenchantment*. Magic, Modernity, and the Birth of the Human Sciences. Chicago: University of Chicago Press, 2017.

KATZ, Leandro. *Los fantasmas de Ñancahuazú*. Buenos Aires: La Lengua Viperina, 2010.

KHYENTSE, Dzongsar Jamyang. *O guru bebe cachaça?* Ed. Amira Ben-Yehuda. Trad. Flávia Pellanda. Três Coroas: Makara, 2018.

KOSLOWSKI, Peter (Ed.) *Methodology of the Social Sciences, Ethics, and Economics in the Newer Historical School*. From Max Weber and Rickert to Sombart and Rothacker. Berlin: Springer-Verlag, 1997.

LACAN, Jacques. *O Seminário – Livro 1*. Os escritos técnicos de Freud. Rio de Janeiro: Zahar, 1983.

LISPECTOR, Clarice. *A paixão segundo GH*. Rio de Janeiro: Nova Fronteira, 1986.

MACHADO, José Antonio Pinheiro. "A nova barbárie que invadiu a Itália". *Oitenta*. Porto Alegre: L&PM, nov./dez. 1979, v. 1.

MARX, C.; ENGELS, F. *Obras escolhidas em três tomos*. Lisboa: Avante, 1982, t. I.

McLAREN, Peter. *Che Guevara, Paulo Freire, and the Pedagogy of Revolution*. Foreword by Ana Maria Araújo Freire. Oxford, England: Rowman & Littlefield Publishers, Inc., 2000.

MEIRELLES, Cecília. *Crônicas de Educação 1*. São Paulo: Global, 2017.

MELLO, Guiomar Namo. *Magistério de 1º Grau*: da competência técnica ao compromisso político. São Paulo: Cortez, 1998.

MILLIKAN, Ruth Garrett. *Beyond Concepts*. Unicepts, Language, and Natural Information. Oxford: Oxford University Press, 2017.

MUSIL, Robert. *O homem sem qualidades*. Trad. Lya Luft e Carlos Abbenseth. Rio de Janeiro: Nova Fronteira, 1989.

NOSELLA, Paolo. Compromisso político como horizonte da competência técnica. *Educação & Sociedade. Revista Quadrimestral de Ciências da Educação*. São Paulo, ano V, n. 14, maio de 1983.

PAES, José Paulo. *A aventura literária*. São Paulo: Companhia das Letras, 1990.

PAGLIA, Camille. *Vampes & vadias*. Rio de Janeiro: Francisco Alves, 1996.

Bibliografia

PAIM, Antonio (Org.) *Liberdade acadêmica e opção totalitária*: um debate memorável. Rio de Janeiro: Artenova, 1979.

PARRA, Nélio. "O questionável papel das faculdades de Educação". In: CATANI, Denice Bárbara et al. *Universidade, escola e formação de professores*. São Paulo: Brasiliense, 1986.

PENNA, João Camillo. *O tropo tropicalista*. Rio de Janeiro: Circuito/Azougue, 2017.

PETERS, Richard. *Authority Responsibility and Education*. London: Ed. George Allen & Unwin, 1959.

PINTO, Alvaro Vieira. *Ideologia e desenvolvimento nacional*. Rio de Janeiro: MEC-ISEB, 1959.

PRADO JR., Bento et al. *Descaminhos da educação pós-68*. São Paulo: Brasiliense, 1980.

PRAIRAT, Eirick. La lente désacralisation de l'orde scolaire. *Esprit*, v. 12, n. 290, pp. 138-51, Dec. 2002.

REIS, Daniel Aarão. *Ditadura militar, esquerdas e sociedade*. Rio de Janeiro: Jorge Zahar, 2005.

REMARQUE, Erich M. *Nada de novo no front*. Trad. Helen Rumjanek. São Paulo: Abril Cultural, 1981.

RIBEIRO, Renato Janine. *A pátria educadora em colapso*: reflexões de um ex-ministro sobre a derrocada de Dilma Rousseff e o futuro da educação no Brasil. São Paulo: Três Estrelas, 2018.

RICHARD, Lionel. *A república de Weimar (1919-1933)*. São Paulo: Companhia das Letras, 1988.

RINGER, Fritz K. *O declínio dos mandarins alemães*. Trad. Dinah de Abreu Azevedo. São Paulo: Edusp, 2000.

ROCHA, Ronai Pires. *Ensino de Filosofia e currículo*. Petrópolis: Vozes, 2008.

_____. *Quando ninguém educa*: questionando Paulo Freire. São Paulo: Contexto, 2017.

ROSENBERG, Alfred. *The Myth of the Twentieth Century*. An Evaluation of the Spiritual-Intellectual Confrontations of Our Age. White Wolf, 2015.

SANTOS, Boaventura de Sousa. *A difícil democracia*. Reinventar as esquerdas. São Paulo: Boitempo, 2016.

SAVIANI, Dermeval. *Pedagogia histórico-crítica*: primeiras aproximações. Campinas: Autores Associados, 2013.

SCHROYER, Trent. *The Origins and Development of Critical Theory*. New York: George Braziller, 1973.

SEARLE, John. *Speech Acts. An Essay in the Philosophy of Language*. Cambridge: Cambridge University Press, 2011.

SHERRATT, Yvone. *Hitler's Philosophers*. Connecticut: Yale University Press, 2013.

STRIKE, Kenneth; SOLTIS, Jonas. *The Ethics of teaching*. New York: Teachers College Press, 2009.

SODRÉ, Nelson Werneck. *A verdade sobre o ISEB*. Rio de Janeiro: Avenir, 1978.

STAL, Isabelle; THOM, Françoise. *A escola dos bárbaros*. São Paulo: T. A. Queiroz/Edusp 1987.

TEIXEIRA, Anísio. Carta de Anísio Teixeira para Gustavo Corção. Arquivo Anísio Teixeira, Cpdoc/FGV (AT C 1958.02.23), 23 fev. 1958. Disponível em: <http://www.bvanisioteixeira.ufba.br/cartas/corcao.htm>. Acesso em: 1º set. 2019.

TSE-TUNG, Mao. *Citações do presidente Mao Tsé-tung*. Lisboa: Minerva, 1975.

TUGENDHAT, Ernst. *Lições sobre Ética*. Trad. Róbson Ramos dos Reis e outros. Petrópolis: Vozes, 2003.

VITTORIA, Paolo. *Narrando Paulo Freire*. Por uma pedagogia do diálogo. Rio de Janeiro: Editora UFRJ, 2011.

WEBER, Max. *Ciência e política*: duas vocações. Trad. Leonidas Hegenberg e Octany Silveira da Mota. São Paulo: Cultrix, 2011.

WINNICOTT, D. W. *O brincar e a realidade*. Rio de Janeiro: Imago Editora, 1975.

WITTGENSTEIN, L. *Cultura e valor*. Trad. Jorge Mendes. Lisboa: Edições 70, 1996.

YOUNG, Michael F. D. (Ed.). *Knowledge and Control*. New Directions for the Sociology of Education. London: Collier-Macmillan Publishers, 1971.

ZUBAY, Bongsoon; SOLTIS, Jonas F. *Creating the Ethical School*. A Book of Case Studies. New York: Teachers College Press, 2005.

O AUTOR

Ronai Rocha é doutor em Filosofia pela Universidade Federal do Rio Grande do Sul (UFRGS) e professor da Universidade Federal de Santa Maria (UFSM), onde foi pró-reitor de graduação. Desde o início de sua vida profissional pesquisou temas ligados à educação. Pela Editora Contexto publicou o livro *Quando ninguém educa*.

GRÁFICA PAYM
Tel. [11] 4392-3344
paym@graficapaym.com.br